업장소멸

❺ 비전의 주술편

中岡俊哉 著
安 東 民 編著

瑞音出版社

저주된 것의 가공할 만한 체험!

주술사·홈자나

1 "제기럴!"
 오스카는 이를 악물면서 분하게 여겼다. 아메리카에서 돌아와 보았더니 자기의 살 집마저 없어져 있었던 것이다.
 2 "제발, 소원입니다. 저를 이런 꼴로 만든 그 사나이를 저주해 주십시오."

 오스카는 같은 말을 몇 번이고 했다. 그는 3일간, 주술사 홈자나의 집을 찾고 있었다. 그러나 홈자나는 그런 부탁을 좀처럼 들어주지 않았다.
 오스카는 잔뜩 믿었던 처남에게 배신당해 병치료를 위해 아메리카에 가 있는 동안에 토지는 물론이고 건물까지 모두 빼앗기고 있었다.
 ③ 오스카는 처남에게 어떻게든지 복수해 주리라 하여 필사적이었던 것이다.
 "할 수 있는 데까지 해보자."
 홈자나는 마침내 그 부탁을 들어 주었다.
 "나의 염력(念力)이 그 만큼 강한지 모르지만 해봅시다. 그 대신 이것을 누구한테도 말하지 않도록!"
 홈자나는 오스카에게 몇 번이나 다짐을 받고 저주의 염력을 쓰기

로 했다.

④ 홈자나는 태어나면서 꽤나 강한 염력을 갖고 있었다.

7세 때, 그는 그런 염력으로 벼랑에서 떨어지려는 친구를 구한 적이 있었다.

그때 홈자나는 굴러 떨어지는 친구를 향해 '멈추어라'하는 염력을 보냈던 것이다.

⑤ 그러자 친구의 몸은 허공에 매달린 것처럼 정지되었다. 이때부터 홈자나의 염력이 유명해졌고, 그런 염력을 의지하여 찾아오는 사람이 많아졌다.

⑥ "이것으로 눈을 가리도록 하시오."

홈자나의 제자는 검은 헝겊으로 만든 눈 가리개로 오스카의 두 눈을 가렸고, 자동차에 태우자 교외의 외딴 집으로 데려 갔다.

이곳은 포르투칼의 오폴트, 1973년 9월 13일의 일이었다.

"어떤 일이 일어나도 절대로 말을 해서는 안된다."

오스카가 눈 가리개를 벗자, 홈자나는 명령하듯이 말했고, 그를 그곳에 앉혔다.

오전 3시, 주위는 고요하게 잠들었고 으스스한 느낌의 목상이 빨강과 검은 촛불에 비쳐져, 방안에 이상한 분위기를 자아내고 있었다.

목상 앞에 데려가진 오스카는 긴장과 공포로 팔다리가 떨렸다.

[7] 이윽고 봉고가 격렬히 쳐 울려지자, 몇 명의 조수가 각각 촛불을 갖고서 방에 들어와 오스카의 주위를 빙빙 돌기 시작했지만, 그런 촛불에 비추어진 벽을 보고서 오스카는 오싹해졌다.

놀랍게도 벽에는 인간의 해골이 빈틈없이 박혀져 있는 게 아닌가!

[8] "갠달과, 우가라기다…"

제자들은 홈자나의 능력을 기리는 주문과 같은 것을 외기 시작했

는데, 그 목소리가 주위를 압도하는 것이었다.
 격렬히 난타되는 봉고에 맞추어 조수들은 주문을 외웠고 미친듯이 춤을 추기 시작했다.
 9 "얏!"
 홈자나는 귀청을 찢는 것만 같은 기합소리를 내었고 벽의 해골을 말끄러미 응시하면서 정신 통일을 시작했다. 그 모습은 무서울 정도의 위압감으로 넘쳐 있었다.
 10 "홈자나님"
 제자는 피가 뚝뚝 떨어지는 뱀을 은접시에 담아 갖고 와서 스승에게 내밀었다. 홈자나는 그 접시를 받자 저주의 신 목상 앞에 바치고 꼼짝않고서 염하고 있었다.

6

[11]"홈자나님, 오스카는 이 사나이를 저주해 달라고 합니다."
제자는 긴장으로 떨고 있는 오스카를 가리키면서, 그의 처남 사진을 주술사에게 건넸다.
"갠달과, 우가라기다…"
[12]홈자나는 주문을 외우면서 그 사진에 지긋이 염력을 보내기 시작했다. 그의 크게 부릅떠진 눈에서는 날카로운 광선이라도 뿜어지고 있는 것만 같았다.
[13]"이것을 먹어라!"
오스카 곁에 온 홈자나는 피가 떨어지는 뱀고기를 그에게 내밀며

먹기를 명했다.

"이, 이것을…"

오스카는 진저리를 내며 그것을 보고 있었으나, 제자가 느닷없이 그 고기를 그의 입에 우겨넣었다.

14 "아, 무슨 짓을…"

오스카가 가까스로 뱀꼬리를 삼키고나자, 입고 있던 셔츠는 제자의 손에 의해 느닷없이 찢기고 말았다. 오스카는 놀라며 큰 소리를 내고 말았지만, 제자의 손이 재빨리 입을 틀어막았다.

15 제자에 의해 오스카의 상반신이 벌거숭이가 되자, 홈자나는

동물의 뼈로 만든 나이프로 오스카의 등을 베어 상처를 냈다.
"으윽!"
16 오스카는 고통의 비명소리를 내었다. 등은 금새 피로 붉게 물들었다. 다음엔 피부가 찢겨진 오스카의 등에 흰 나무열매 가루가 뿌려졌다.
오스카는 너무도 심한 아픔에 비명을 질러가면서 마루바닥에 뒹굴었다.
"자, 주문을 외우는 것이다. 처남에 대한 저주의 염을 보내는 거다."
홈자나는 오스카를 일어나게 하더니 주문이 씌어있는 종이를 건넸다.
오스카는 홈자나가 명하는 대로, 홈자나가 때때로 뿌리는 나무열매 가루의 아픔으로 주문을 제대로 읽지도 못했다.

17 홈자나는 오스카를 뒷뜰에 만들어져 있는 동굴 안으로 데려갔다. 그곳엔 몇 개의 목상이 있고 살아있는 뱀이 몇마리 혀를·날름거리며 또아리를 틀고 있었다.

"너도 잡는 거다!"

홈자나는 오스카에게도 한마리의 뱀을 잡게 하고 자기는 두마리의 뱀을 잡고서 목상을 향해 지긋이 염력을 보냈다.

홈자나는 전과 같은 주문을 세 번 반복하여 말했다.

"염력이 통했다면 닷새 뒤에 처남은 재기불능의 병이 되리라."

18 오스카는 매일 처남의 상태를 보고자 살며시 찾아갔다. 이틀, 사흘, 나흘까지 처남은 원기있게 일하고 있었다. 그런데 닷새째인 밤, 처남은 쓰러졌고 그대로 병원에 실려 갔다.

의사는 원인 불명의 병으로서, 아마 낫지는 않을거라고 진단했다.

머리말

세월의 변천과 더불어 사람의 마음도 또한 변화되어 왔던 것일까?

인간으로서의 의식이 싹튼 이래로 유구한 시간의 흐름을 거쳐 현재에 사는 우리들의 마음은 석기시대의 조상들의 그것과 어떻게 달라져 있는 것일까?

우리들은 과학 문명을 손에 넣었다. 그것은 선사시대인 사람들의 주술적 태도를 부정하는 것처럼 받아들여져 왔다. 그러나 주술은 지금껏 세계의 각지에서 현대인의 생활 속에서 숨쉬고 있는 주술을 염력[사이코카이니시스 Psychokinesis]이라 생각하고, 그것이 인간 관계에 얼마나 강하게 작용되는가를 과학적으로 생각하려는 움직임도 상당히 오래 전부터 발견된다.

자연의 경이적인 힘에 번롱(番朧)되면서도 그것을 지배하고자 하는 욕구를 늘 가졌던 인류는, 한쪽에선 과학 기술을 지나칠만큼 발전시키고 또 한쪽에선 마음속에 숨어 있는 의지의 힘, 신념의 힘을 실효있는 방법으로서 주술을 연구하고 있는 것이다.

우리가 이조시대의 역사물들을 보면 후궁들에 의해 이같은 주술이나 부적의 힘을 알 수 있다. 그처럼 우리네 조상들은 먼 옛날부터 이같은 주술을 늘상 이용하여 미운 상대들을 꺼꾸러뜨려 왔다.

이 책에 앞서 나는 영계로 부터의 작용을 실증한다고 생각되는 '심령 사진'을 바탕삼아 온갖 '영'을 소개한 바 있다.

이 책에 있어서도 단순한 저주의 공포담으로만이 아니고, 지금도 실행되고 있는 실제의 주부(呪符)를 많이 소개함으로써 주술의 존재를 실증할까 한다.

업장소멸 · ⑤ 차례

머리말

저주 · 1
1. 행운을 부르는 주술

   1. 포오크로 운명을 바꾼다 ──────────── 22
   2. 검정콩으로 운명을 바꾼다 ─────────── 24
   3. 화지(和紙)로 운명을 바꾼다 ─────────── 26
   4. 새 깃털로 운명을 바꾼다 ──────────── 28
   5. 달걀껍질로 운명을 바꾼다 ─────────── 30
   6. 잎사귀로 라이벌을 쓰러뜨린다 ───────── 32
   7. 나무뿌리로 행운을 부른다 ─────────── 34
   8. 바닷물이 소원을 풀어준다 ─────────── 36
   9. 코인(동전)이 금운을 초래한다 ────────── 38
  10. 호도로 금운을 부른다 ────────────── 40
  11. 부를 가져 오는 모래글씨 ─────────── 42
  12. 무우로 재산을 만든다 ────────────── 44
  13. 손으로 짚어가며 금운을 만든다 ─────── 46
  14. 동물의 털로서 금운이 찾아온다 ─────── 48
  15. 금운(金運)을 초래하는 요괴 ──────── 50
  16. 부를 부르는 고양이 가죽 ───────── 52
  17. 금운(金運)을 크게 연다 ─────────── 54
  18. 장사 번창의 주문 ────────────── 56
  19. 신규 개업을 번창시킨다 ──────────── 58
  20. 목적을 달성시키는 문자 ──────────── 60

21. '계'에 이기는 주술 —————————— 62
22. 물장수를 성공시키는 주문 —————— 64
23. 갬블(내기)에 이기는 인형 ————— 66
24. 갬블 필승의 부적 ———————————— 68
25. 갬블에 이기는 붉은 개의 주술 ——— 70
26. 원숭이 손으로 내기 적중 ——————— 72
27. 인형이 승운을 부른다 ———————— 74
28. 증권에 이기는 주술 ————————— 76

저주 · 2

저주 · 1 블라로스의 주술 ————————— 80
저주 · 2 성공하는 주술 ————————— 85
저주 · 3 야매의 주술 —————————— 86
저주 · 4 오무쯔의 주술 ————————— 90

주술

1. 대인관계를 끊는 인형 ————————— 96
2. 상대를 불행케하는 백합주법 ————— 98
3. 상대를 병들게 하는 주술 ——————— 100
4. 빚돈을 받아내는 게다 ————————— 102
5. 라이벌에게 불행을 준다 ———————— 104
6. 저주의 짚인형 ————————————— 106
7. 상대를 불행케 하는 종이쪽지 ————— 108
8. 여성이 원한을 푸는 방법 ——————— 110
9. 심장을 다치게 하는 잎사귀 —————— 112

10. 증발자를 찾는다 ——————————— 114
11. 사모하는 여성을 얻는 뱀주술 ——————— 116
12. 체모로 연애를 성공시킨다 ———————— 118
13. 사모하는 남성과 맺어지는 주술 —————— 120
14. 손수건으로 미인을 획득한다 ——————— 122
15. 사진으로 연모하는 남자의 마음을 쏟다 ——— 124
16. 사모를 전하는 주법 ——————————— 126
17. 혼인수 먼 사람을 구하는 법 ——————— 128
18. 남자와 헤어지는 주문 ————————— 130
19. 남녀의 유대를 굳히는 법 ———————— 132
20. 모발로 사내를 저주한다 ————————— 134
21. 교제를 원만케 하는 주문 ————————— 136
22. 간질병을 고치는 널판지 ————————— 138
23. 잘 우는 아이의 울음 방지 주문 ——————— 140
24. 종기를 만드는 검은 고양이 주법 ——————— 142
25. 가족의 병을 고친다 ——————————— 144
26. 전염병으로부터 몸을 지키는 부적 —————— 146
27. 피로를 느끼지 않는 주법 ————————— 148
28. 두통을 일으키는 빗 ——————————— 150
29. 악령을 몰아내는 주술 —————————— 152
30. 달라붙은 영을 쫓는 인형 ————————— 154
31. 대용품인 영을 쫓는 인형 ————————— 156
32. 동물령을 쫓는 주문 ——————————— 158
33. 악몽을 지우는 주술 ——————————— 160
34. 사신을 쫓아버리는 주문 ————————— 162
35. 주술을 벗어나는 방법 —————————— 164

36. 태아의 영을 위로 한다 ——————— 166

저주 · 3

저주 · 6 힐로의 주술 ——————— 168
저주 · 7 클렌게의 주술 ——————— 174
저주 · 8 인도오의 주술 ——————— 176
저주 · 9 민지족의 주술 ——————— 180

세계의 주술

1. 염력주술 ——————————— 184
   혈맹의 의식 ——————————— 186
   파뉴세의 주술 —————————— 188
   라바소의 주술 —————————— 189
   피의 주술 ——————————— 190

2. 영력주술 ——————————— 192
   마오리족의 주술 ————————— 193
   타마상족의 주술 ————————— 196
   반자가라의 주술 ————————— 198
   해신의 주술 ——————————— 200
   악마의 입신식 —————————— 202
   악마와의 결혼식 ————————— 204
   악마 퇴치의 주술 ————————— 206
   타미족의 주술 —————————— 208

3. 원시주술 ——————————— 210

마녀에의 입신식 ——————————— 212
멘바족의 주술 ——————————— 214
베르당교의 주술 ——————————— 216
흑교도의 주술 ——————————— 218
죽음의 저주 마쿰바 ——————————— 220
마법의사의 주술 ——————————— 221
주술의술 ——————————— 223
물르쿠쯔의 주술 ——————————— 226

염력 주술 개발법

주술 소질 테스트 ——————————— 230
기본 트레이닝 ——————————— 232
반야심경법 ——————————— 235
영광압법 ——————————— 238
염파증강법 ——————————— 240

주술

구미에선 집중연구 ——————————— 244
현대인의 마음의 미혹 ——————————— 252

행운을 부르는

주 술

당신도 이와같이 '복'을 부르자!

1. 포오크로 운명을 바꾼다

　인간은 자기의 운명이 태어나면서 정해진 것이라고 생각하든가, 또한 거꾸로 운명은 개척되는 것이라 생각하며 그 생각도 갖가지이다.
　아이슬랜드엔 포오크를 사용하여 운명을 바꾸는 주술이 전한다. 그들은 그 방법으로서 자기의 운명을 어떻게든 바꿀 수 있다고 믿는다.
　먼저 우측과 같은 주문을 빨간 또는 파란 종이에 그리고 새 포오크를 하나 준비한다.
　다음은 그 주문 위를 자기의 나이 수만큼 포오크의 끝으로 동부터 남, 서, 북의 순서로 문자를 따라 간다.
　그런 뒤 다시 눈을 감고서, 포오크 끝으로 주문을 마구 찔러댄다. 그리하여 열심히 염하는 중에 계시를 받는 것이다.

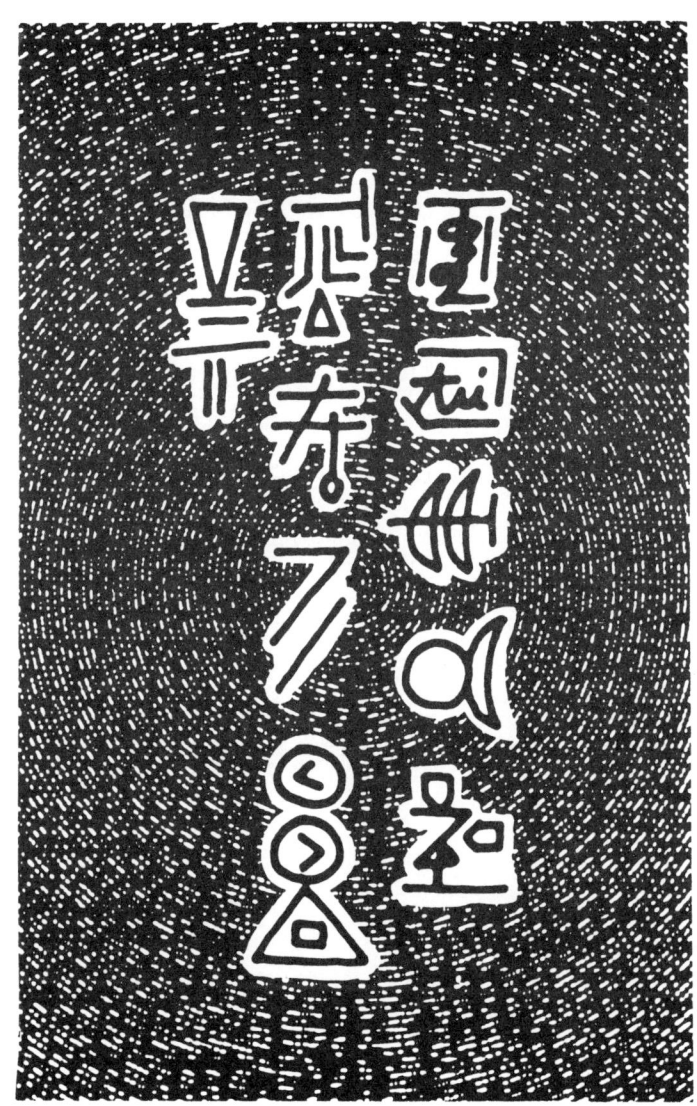

2. 검정콩으로 운명을 바꾼다

스칸디나비아 지방의 사람들은 자기의 운명을 바꾸기 위해 다음과 같은 주술을 사용한다.

우선 나이만큼의 검은 콩을 자기 손으로 사 온다. 그리고 그 콩이 들어갈 만큼의 크기인 비단 주머니를, 이역시 남자라도 자기 손으로 만든다.

검은 콩은 라아드를 칠한 프라이 팬으로 타지 않을 만큼 볶는다. 그리고 식기 전에 검은 콩을 비단 주머니에 넣고 남향의 창밖에 매달고 밤이슬을 맞게 한다.

이는 운명을 바꾸는 신이 검은 콩을 좋아하기 때문으로서, 되도록 맛있는 콩볶음을 만들어 그것을 바치는 것이다.

이틀 밤낮을 밤이슬에 맞힌 검은 콩을 담은 주머니로 온몸, 특히 머리를 세게 때리면서 희망하는 새로운 운명을 부르는 것이다.

3. 화지(和紙)로 운명을 바꾼다

사람들은 자기의 운명을 호전시키기 위해선 어떠한 수고도 마다하지 않는 법이다. 동양의 주술도 그 중의 하나이다.

먼저 화지(和紙 : 창호지 등 재래의 종이)를 구입한 후 봉투 크기로 자른다.

다음엔 다음과 같은 주문과 어떻게 운명을 바꾸고 싶다는 소원을 곁들여, 먹글씨로 정성껏 쓴다.

한 묶음의 맷수는 자기의 나이 수이다. 한 묶음의 맷수를 썼다면 그것을 둘로 한장 한장 붙여 두껍게 만든다.

완성된 두꺼운 종이는 잘 건조시키고, 그것을 남의 눈에 띄지 않도록 가방 속에 넣어 갖고 다닌다.

두꺼운 '딱지'는 다시 나이의 수만큼 만드는 게 필요하다고 한다.

4. 새 깃털로 운명을 바꾼다

  인간이란 것은 자기의 운명을 바꾸기 위해 잔혹한 것도 태연히 한다. 흔히 말하는 '먹느냐 먹히느냐'의 비유처럼, 자기가 먹히지 않기 위해서는 타인을 먹어야 하는 일도 있다.
  그 때문에 잔인한 주술이라도 밥먹듯이 하는 것이다.
  이것은 중남미, 특히 콜롬비아에서 곧잘 사용되는 운명을 바꾸는 주술이다. 자기의 손으로 닭을 목졸라 죽이고, 그 깃털을 하나하나 뽑고 그런 깃털로 주술을 한다.
  뽑은 깃털을 맑은 물로서 깨끗이 닦고 건조시키고서 붉게 물들인다. 물감은 특별히 정해져 있지 않지만, 죽인 닭의 피를 사용하는 일이 많다. 붉게 물들인 깃털을 자기가 운명을 생각하는 연월일의 수만큼 베개 아래 넣어두는 것이다.

5. 달걀껍질로 운명을 바꾼다

영국엔 옛날부터 사용되고 있는 운명을 바꾸는 주술이 있다.

영국에서도 곧잘 운명론, 숙명론을 입에 올리고 그것을 따르는 사람이 있지만 스스로의 힘으로 운명을 바꾸려는 사람도 있어 이런 주술이 사용된다.

먼저 자기의 나이 수만큼 달걀 껍질을 모은다. 그런 껍질을 뜨거운 물로 깨끗이 씻는다.

다음엔 그 껍질에 검은 글씨로 원한 [CURSE]이라고 크게 쓰고 그것을 잘게 빻는다. 빻은 껍질을 밤이슬에 맞히고서 직업상의 라이벌에 보낸다.

이것에 의해 직업상의 라이벌을 쓰러뜨리고 자기의 운명을 호전시킬 수 있다. 이런 주술에 의해 운명을 바꾸고 몇 개의 회사를 경영하게 된 사람도 있다고 한다.

6. 잎사귀로 라이벌을 쓰러뜨린다

샐러리 맨이 자기의 운명을 바꾸는데 필요한 것은 직무상의 라이벌을 쓰러뜨리는 데 있다.

다음의 주술은 오스트리아에서 사용되는 것이며, 그 효과는 매우 높다고 전해진다.

먼저 냄새가 짙은 나뭇잎을 모은다. 그리고 잘 물로 씻고나서 저주하고 싶은 상대나 소원을 중얼거리면서 동물성 기름으로 잎사귀 양면을 잘 닦아낸다.

다음엔 분홍색이나 연푸른 종이에 다음과 같은 주문을 그리고, 그런 종이에 잎사귀를 하나 하나 싼 후 직업상의 라이벌에게 보내는 것이다.

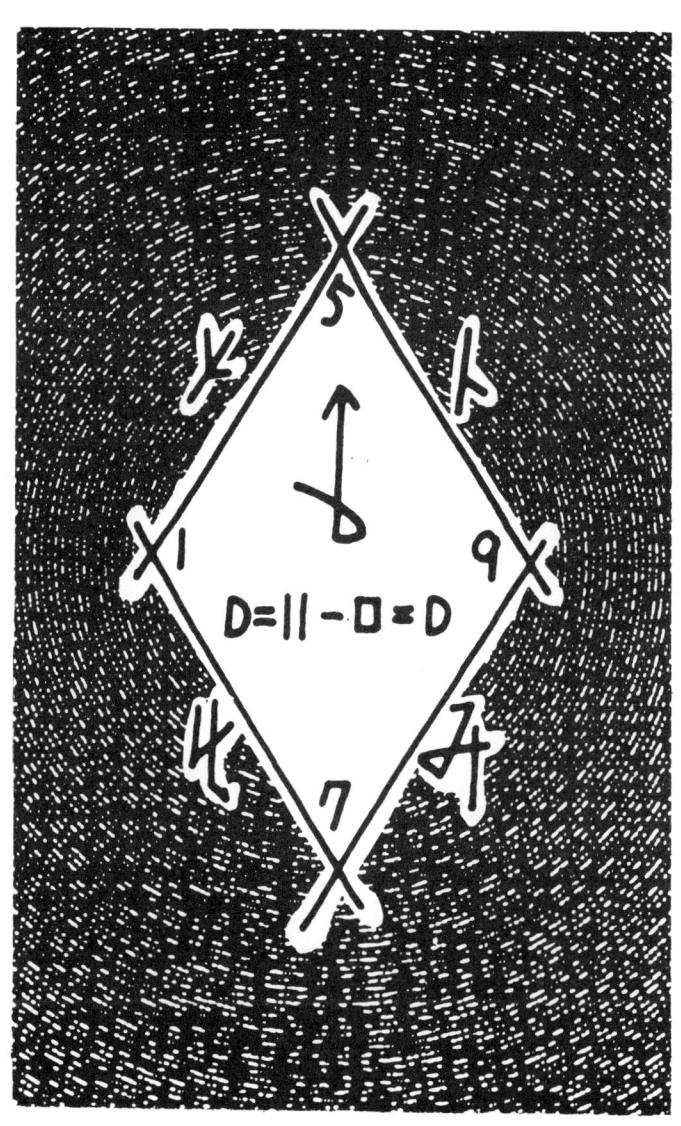

7. 나무 뿌리로 행운을 부른다

아메리카 북부의 사람이 사용하는 주술 중에 '나무뿌리 주술'이 있다. 아메리카 북부의 원주민 뿐 아니라 문명도가 높은 사람들조차 이용한다.

산의 중턱에서 오래 된 나무 뿌리를 수집한다. 그리하여 그것에 다음과 같은 주문을 쓴다. 주문을 쓸 때 자기 운명의 호전만을 염하지 않으면 안된다.

주문을 쓴 나무 뿌리를 자기 집 거실 천정에 매달아 둠으로서 주술의 효험이 나타난다.

이 주술은 꽤나 보급되고 있으며, 또한 그 주술을 끊는 방법도 없기 때문에 저주된 상대는 금방 걸리고 만다.

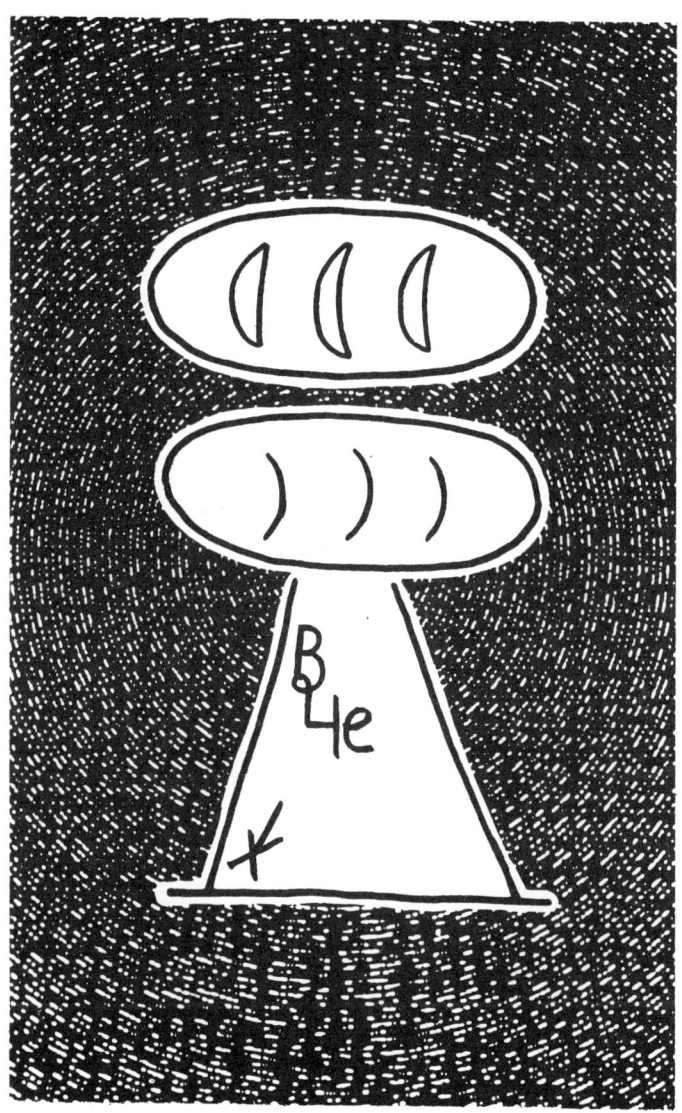

8. 바닷물이 소원을 풀어준다

브라질 북동부의 해안가에 사는 사람들은 바닷물을 사용하는 주술을 갖고 있다.

먼저 병에 다음과 같은 주문을 쓰든가 또는 종이에 쓴 것을 붙이든가 한다. 그리고 초생달이 있는 밤에 바닷가로 가서 만조의 물을 병에 담는다.

그리고 병속의 바닷물에 대해 주문과 소망을 강한 염력과 함께 집중시킨다.

그런 물을 몇 방울씩 엄지 손가락에 적시고 이마를 가볍게 두들기듯이 하면서 자기의 소망을 반복해서 염한다.

9. 코인(동전)이 금운(金運)을 초래한다

 인간은 누구나 금전운이 있기를 바란다. 그렇지만 뜻대로 되지 않는게 보통이다. 그래서 이런 주술이 유럽에선 행해진다.
 먼저 빨간 종이에 자기의 생년월일을 쓴다. 그리하여 그것을 뭉치고 참기름에 적신 뒤 불태워 재를 만든다. 종이의 재를 다시 참기름으로 이기고 되도록 큰 코인을 만든다. 그리하여 그 코인에 금운에 대한 자기의 소원을 써놓고 아무도 모르게 자기 집 천정에 감춘다.
 코인에 새겨넣는 소망은 클수록 좋다고 하는데 이런 주술에 의해 대재벌이 되었다는 예는 없다고 한다.

10. 호도로 금운을 부른다

 이것은 북미에서 많이 사용되는 금운을 부르기 위한 주술이다. 합리주의인 미국인에게 있어 이런 주술이 어느 정도 평가되고 있는지 모르지만, 어쨌든 그들은 사용한다.
 그 방법은 호도 열매을 생으로 으깨고 아직 마르기 전에 자기 연령과 같은 수의 코인을 만든다. 그리하여 호도 코인을 불에 넣어 굽고 금운에 대한 자기의 소망을 염하면서 하루 한개씩 그런 호도 코인을 자기의 가장 친한 사람에게 선물하여, 그 대가로써 아무리 소액이라도 좋으니까 상대로부터 진짜 코인 한개를 받는 방법이다.
 다만 금해야 할 것은 자기보다 연하(年下) 또는 아랫사람과 코인의 교환을 해서는 안 된다. 만일 그렇게 하면 모든 소망이 깨지고 만다.
 호도 코인의 교환으로 가장 바람직한 상대는 유유자적의 노부부이고 가장 사랑하는 사람인 조부 또는 친아버지라고 한다.

11. 부를 가져 오는 모래글씨

　다음의 방법은 카리브해에 사는 사람들이 즐겨 사용하는 것이다.
　자기의 탄생일에 해안으로 가서 물가에서 젖은 모래를 마른 모래 위로 날라, 1미터 평방 크기의 널빤지 모양을 만든다.
　그리고 그 젖은 모래 위에 빗으로 '돈'이라는 글씨를 연령의 수만큼 쓴다.
　다음엔 돈의 글씨를 쓴 모래가 마르기를 기다렸다가 그 모래를 자기의 연령 수만큼 나누어 종이에 싸고, 친척이나 친구에게 나눠주는 것이다.
　그것을 배포할 때 그들로부터 포장했던 종이를 돌려받고 그 종이엔 되도록 큰 글씨로 '돈'이라 써달라 하고서, 그것을 소중히 보관하는 것이다.

12. 무우로 재산을 만든다

 이것은 동남아시아, 특히 태국이나 미얀마에서 행해지고 있는 금운을 부르는 주술의 하나이다.
 돈에 대한 인간의 욕망은 어디서나 모두 같은 모양으로서, 얼른 보아 별것도 아닌 것이라 생각되는 주술을 사용하여 그럭저럭 금운이 있고 행복하게 살고 있는 것 같다.
 이 주술은 먼저 되도록 굵고 똑바로 자란 무우 고르기부터 시작된다. 그리하여 그 무우를 깨끗이 씻고 4~5밀리의 두께로 둥글게 썬다. 그렇게 썬 무우는 붉게 물을 들인다.
 물들인 무우에 '돈'이라는 글씨를 새기고 잘 말려 베개 아래 넣어둔다. 그리하여 아침 저녁 금운이 찾아오는 것을 비는 것이다.

13. 손으로 짚어가며 금운을 만든다

이것은 아프리카 동부에서 사용되는 주술의 하나이다.

이것으로 보면 미개지 아프리카에도 근대 경제의 물결이 밀어닥치고 있는 모양으로, 우리들로서 보면 물물 교환의 원시 경제인 편이 그들에게 있어 얼마나 행복했을까 하고 생각된다.

이 주술은 극히 단조로운 것이지만, 다만 그것을 사용함에 있어 패나 강한 일념을 기울이지 않으면 안될 것 같다.

남자는 오른 손바닥에, 여자는 왼 손바닥에 '금' 또는 '은'이라고 글씨를 쓰고서는 입안에 빨아들이 듯이 핥는다.

매일 나이의 수만큼 365일 계속하면 틀림없이 금운이 찾아온다고 믿어진다.

14. 동물의 털로서 금운이 찾아온다

　이것은 옛날부터 독일에서 사용되는 주술이다. 이 방법은 매우 힘이 든다고 하겠다. 그러나 아무튼 아무리 힘이 들어도, 그것을 함으로서 금운이 찾아온다면 참고서 해야만 하리라.
　말의 털 세개, 고양이 털 세개, 돼지털 두개, 그리고 자기의 털 다섯개를 꼬아 한개의 끈 모양을 만든다. 그리고서 주문 문자인 숫자의 5에 알파벳의 K를 얽히게 한 듯한 기묘한 문자를, 그 끈 실로서 만들고 그것을 녹색의 천에 붙인다.
　그리고 그런 주문을 붙인 헝겊을 현관의 사람 눈에 띄지 않는 곳에 붙이고, 아침 저녁 이 주문을 향해 금운의 소망을 염하는 것이다.
　라이프찌히 교외에서 꽤나 큰 공장을 경영하는 G · S씨는 그 주술에 의해 재산을 쌓아 올렸다고 하여 본인도 그것을 매스컴에 발표했다.
　그 밖에도 그와 마찬가지로 이런 주술에 의해 작은 재산 큰 재산을 만든 사람이 있다고 한다. 그러나 그것은 주술을 사용한 사람의 극히 일부에 지나지 않음을 잊지말도록.

15. 금운(金運)을 초래하는 요괴

이것은 인도 네팔에서 사용되는 금운을 부르기 위한 주술이고, 그들은 진지하게 이 주술을 사용하여 금운을 부른다.

그 결과는 어쨌든 주술의 방법은 매우 기발하다.

대접에 가득히 밀가루를 먼저 준비한다. 다음엔 그것을 빗물을 사용했을 때 그 속에 고추가루·레몬 등을 섞고 단단하게 이긴다. 그리하여 되도록 얇게 펴고서 쪽지를 만든다.

밀가루 반죽으로 만들어진 조각엔 자기의 이름, 생년월일을 새기고 햇빛으로 그것을 말리며 건조되었다면 그것을 고양이 또는 원숭이에게 밟도록 한 뒤, 대문에 매단다.

매단 부적에 대해 그들은 매일 금운을 빌고 있는 셈이다.

16. 부를 부르는 고양이 가죽

　사회 제도가 다르더라도 돈에 대한 인간의 욕망은 변함이 없는 것 같다. 이 주술은 루마니아에 옛날부터 전하는 것으로서 지금껏 사용되고 있는 것이다.
　이제까지의 것에 비해 약간 잔혹함이 느껴진다.
　먼저 개나 고양이의 가죽을 구하고 15cm 평방으로 그것을 자른다. 그 가죽에는 개의 경우나 고양이의 경우라도 털이 많이 붙어 있는 편이 효험이 있다고 한다.
　그런 가죽에 1부터 100만 까지의 숫자를 써넣고 다시 그 위에 '금' 이라는 글자를 다섯개 써넣는다. 그리고 가죽을 잘 건조시키고 제3자 몰래 부자의 땅에 파묻는다.
　이것이 파묻어진 부자는 단기간에 가난해지고 이 저주를 사용한 사람에겐 금운이 찾아와서 돈이 들어오기 시작한다.

17. 금운(金運)을 크게 연다

이것은 동남아에서 사용되는 것이다. 먼저 종이 반장 크기의 백지에 다음과 같은 주문을 쓴다. 그럴 경우 종이의 네 귀퉁이에 반드시 동전을 놓는다.

주문을 쓴 종이를 집의 동향 창문 위에 붙이고 주문을 쓸 때 사용한 네개의 코인을 갖고서 가벼운 소리를 내가며 세 번 절한다.

삼배할 때 가장 중요한 것은 코인의 소리인데 엄지와 집게손가락에 한개씩 코인을 올려놓고 그것을 마주 치듯이 하면서 소리를 낸다.

이런 주술에 의해 장사도 잘되고 뜻밖의 돈이 들어오는 일이 있으며, 금운이 크게 열린다고 한다.

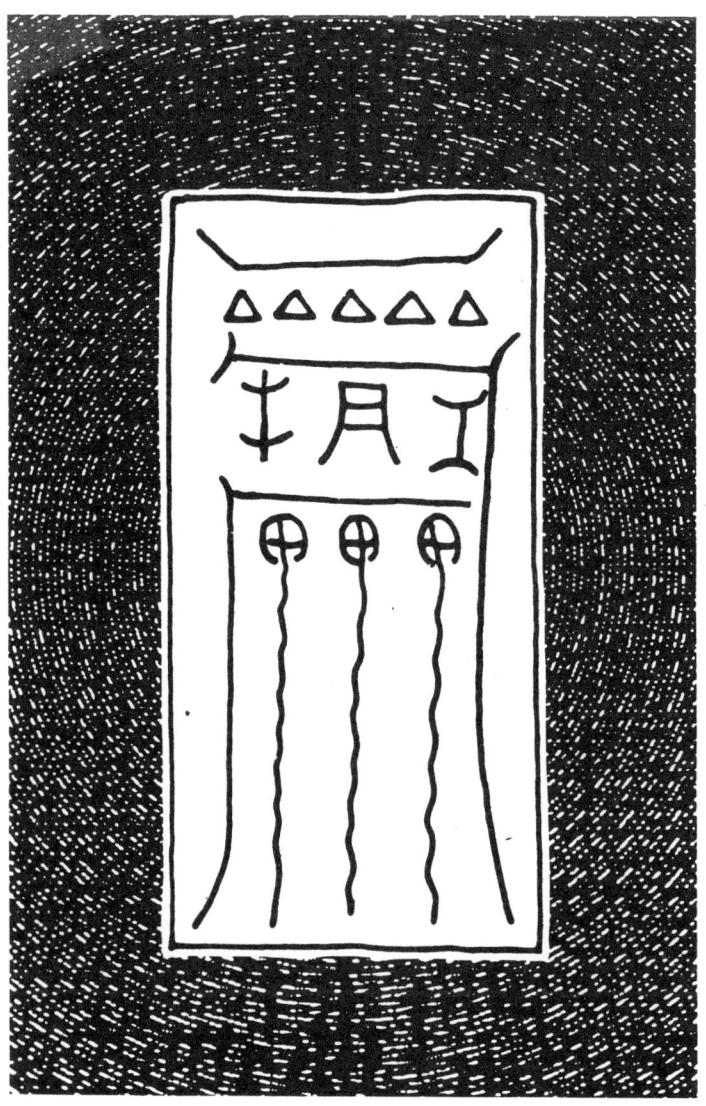

18. 장사 번창의 주문

 자기가 장사를 시작하든가 새로운 직업을 갖든가 할 때 누구나 그 성공과 번영을 소원하기 마련이지만, 다음의 주문을 갖고서 그것을 기원하면 성공이 틀림 없다고 한다.
 종이 16절 크기의 백지에 먹글씨로 다음과 같은 주문을 쓰고 한장은 문 위쪽에 붙이고 또 한장은 몸에 늘 지닌다.
 그리하여 이 부적에게 개운을 늘 축원하는 것이다.

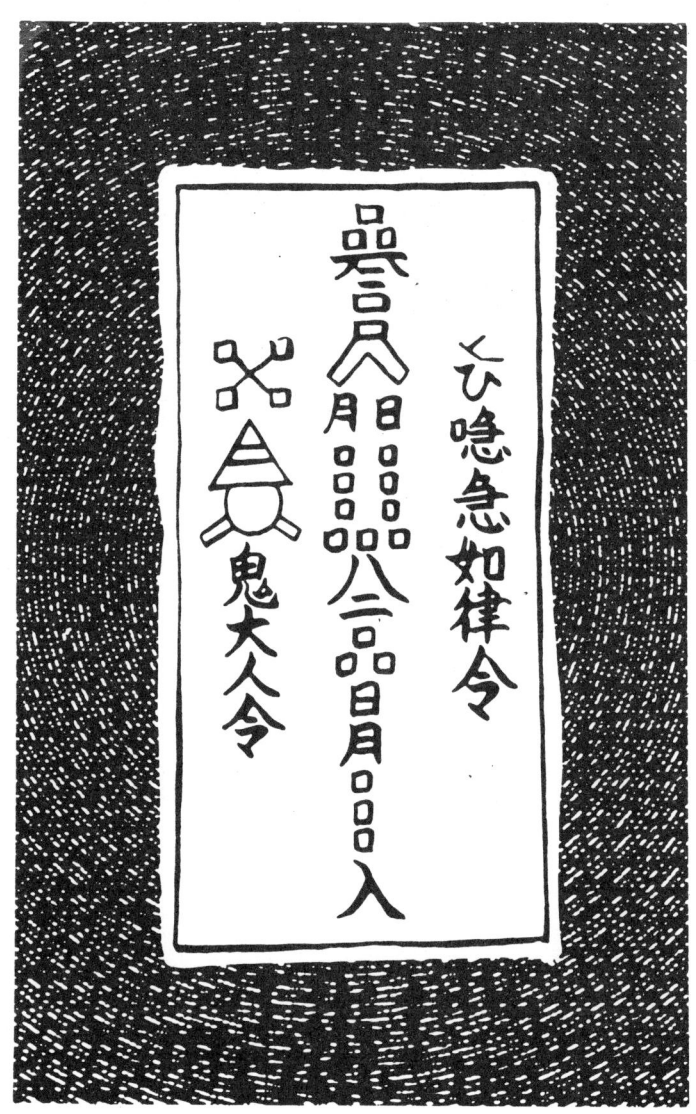

19. 신규 개업을 성공시킨다

 가게를 가진 사람 또는 이제부터 가게를 차리고자 하는 사람에게 있어, 그것이 번창할지 여부는 가장 궁금한 일이다.
 물론 장사의 번창은 창의성과 신선한 아이디어, 친절한 서비스 등에 힘을 쓰는 일이 중요하지만 그러한 것을 보다 유익하게 하기 위해서는 다음의 주문을 백지에 써서 가게에 붙이면 좋다.

20. 목적을 달성시키는 문자

　사람들에게는 크든작든 그것을 달성하고 싶은 목적이 있다. 많은 사람들은 목적 달성을 위해 열심히 일하고, 생명마저 거는 일이 있다.
　특히 남성에게 있어 목적 달성은 남아의 사는 보람이고 그 때문에 사람들은 정력적으로 일한다. 그와 같은 노력을 한시바삐 실현시키기 위해 다음의 주문을 백지에 쓰고 언제나 몸에 간직하고 있으면 목적은 반드시 달성된다.

21. '계'에 이기는 주술

도시에선 별로 하지 않게 되었다고 생각되나, 지방에선 아직도 계가 성행되며 때로는 형사사건마저 일으키고 있다.
'계'에 가입한 이상 그것을 빨리 타는 게 목적이라고 생각되지만, 다음과 같은 주문을 두 장 백지에 쓰고 한장은 서랍에 모시고 또 한장은 몸에 지니면 좋다.
중요한 것은 이런 주문을 완전히 믿는 일이다.

22. 물장수를 성공시키는 주문

특히 물장수를 번창시키기 위해선 다음과 같은 주문을 먹으로 창호지에 쓰고서 가게의 정결하고 높은 곳에 붙여두면 좋다.
동시에 이 주문에 대해 아침 저녁 두번씩 축원을 하는 것이다. 축원의 말은 보통으로 말하는 대화투의 것이라도 상관 없다.
그리고 이 주문을 백지에 쓰는 먹과 붓은 새것인 편이 효험이 있다고 한다.
축원할 경우, 생리중의 여성은 되도록 피해야 된다고 한다.

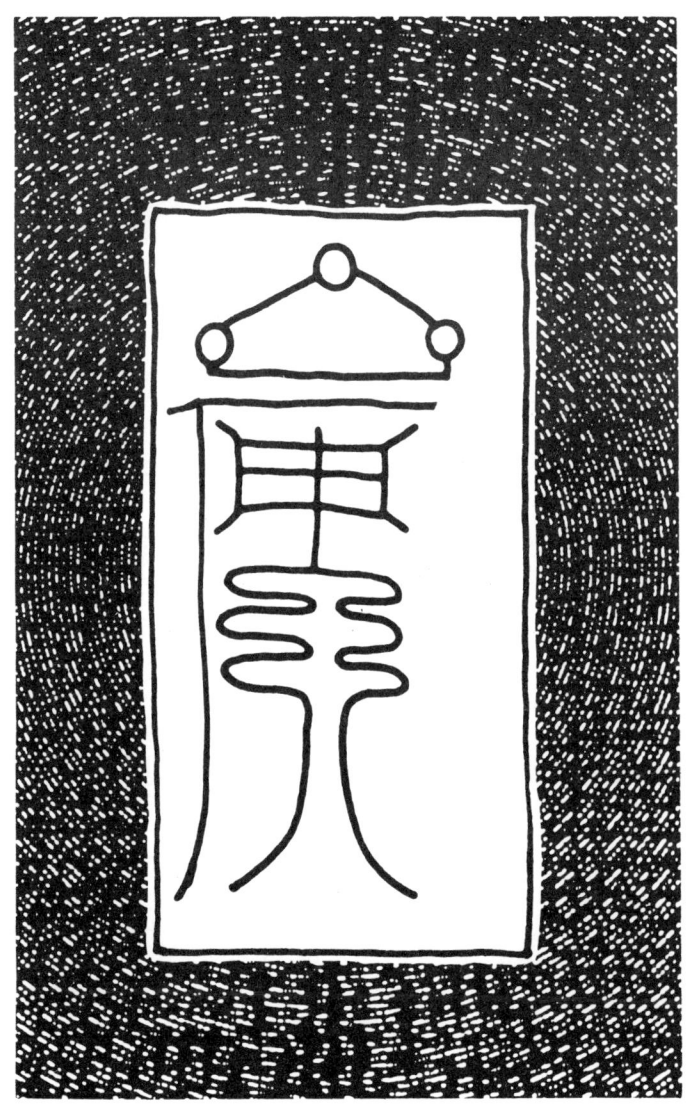

23. 갬블(내기)에 이기는 인형

　갬블을 하는 사람들에게 있어, 그 승부는 매우 궁금한 일이고 승부의 결과에 따라선 자살자마저 생긴다.
　이기고 싶은 일심으로 갬블을 하는 셈일테지만, 그리 생각대로는 되지 않는 법으로서 이기기 위한 주술은 아득한 옛날부터 있었다.
　이것은 이국에서 행해지고 있는 주술이지만 사용하는 도구는 간단하다.
　되도록 오래 된 돛 천을 구한다. 그리고 우측처럼 인형 모양으로 오린다. 오려 낸 인형의 복부에「승리」WIN라는 문자를 쓰고서 인형을 몸에 지닌다. 그리하여 갬블을 할 때 그 인형을 갖고서 필승을 축원하면 된다.
　뱃사람이 많이 사용한다.

24. 갬블 필승의 부적

주술까지 사용하여 갬블에 이겨야만 한다면 그만 두는 게 어떨까 싶지만 좋아하는 사람은 그럴 수가 없는 모양이다.

망국인이 즐겨 사용하는 주술이다. 되도록 오랜 배의 것이 좋다고 한다. 헌 배의 나무조각을 구하는 것이다.

나무조각을 다음과 같은 모양으로 깎는다. 이때 '필승'의 신념을 염하면서 해야 한다. 부적이 완성되었다면 늪의 진흙을 구하여, 부적에 칠한다. 칠한 진흙이 마르지 않도록 매일 알콜분이 있는 물을 조금 뿌리고 그것을 100일간 계속한다.

그것이 되었다면 부적을 몸에 지니고서 갬블을 하고, 축원을 한다. 부적을 언제나 몸에 지녀야 한다.

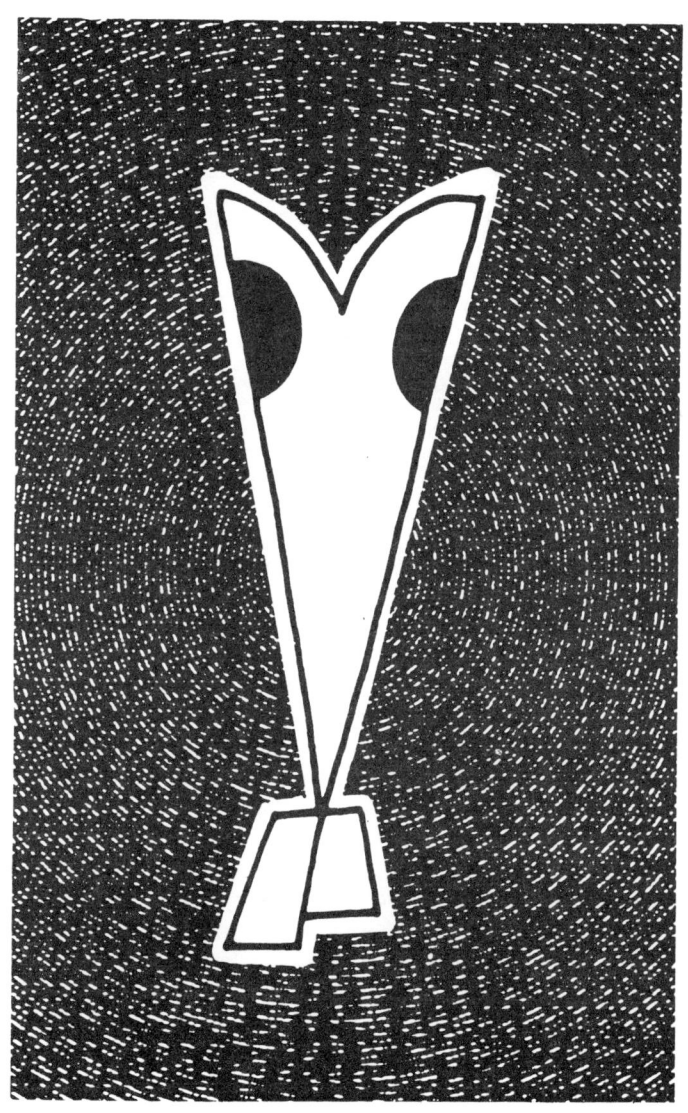

25. 갬블에 이기는 붉은 개의 주술

홍콩에선 갖가지의 갬블이 있고 그것에 대한 필승의 주술도 많다.

그런 주술 중에서 가장 효과가 있다는 것으로 '붉은개의 주술'이 있다.

먼저 붉은 개의 뒷다리 뼈를 구한다. 그리고 그런 뼈를 물에 삶는다. 뼈에서 기름기를 완전히 없애는 것이다.

기름기가 없어진 뼈를 길이 3cm쯤으로 자르고, 그것에 먹으로 「승(勝)」이라는 문자를 빈틈없이 쓴다.

그런 뒤 그 뼈를 돌로 빻아 가루를 만든다. 갬블을 하러 갈 때 이 뼈가루를 조금 싸서 몸에 지니면 돈을 따게 된다고 한다.

26. 원숭이 손으로 내기 적중

포르투칼엔 갬블에 이기기 위한 주술이 꽤나 있다.

포르투칼인이 갬블을 좋아하기 때문이라고 생각되지만, 갬블별의 주술도 각각 있을 정도이다.

이 주술은 온갖 갬블에 효과가 있다고 한다.

먼저 원숭이의 오른손을 구해야 한다. 이것을 입수하는 데는 좀 애를 먹지만 그것이 없이는 안 되는 것이다.

원숭이의 손이 입수되었다면, 기름기를 빼고 잘 건조시킨다. 건조시킨 손에 야자유를 듬뿍 칠한다.

이 야자유를 칠하기가 문제로서 필승의 신념을 염하여 매일밤 9시부터 10시에 걸쳐 이긴다는 문자를 쓰듯이 하여 칠하는 것이다. 반드시 몸에 지니는 것도 중요하다.

27. 인형이 승운(勝運)을 부른다

　이탈리아인도 갬블을 좋아하고 그러기 위한 주술도 성행된다.
　이 갬블 필승의 주술은 로마 근교에서 옛날부터 해오는 것이다.
　흰 무명의 천을 준비한 후 그 천을 다음과 같은 모양으로 오려낸다. 이 오린다는 의미는 승리를 잘라 차지한다는 의미와도 통하는 모양이다.
　오려 낸 천을 붉은 흙과 물감으로 붉게 물들인다. 다른 것으로 물들이면 효과가 없다.
　그리고 말 꼬리털을 15개 구한다. 그런 말꼬리 털을 꼬아서 붉은 천을 단단히 묶는다.
　이 묶을 때가 중요하며 반드시 '승리를 붙잡아 매둔다'고 염해야만 된다.
　이 부적을 언제나 몸에 지니고 갬블때 축원하면 된다.

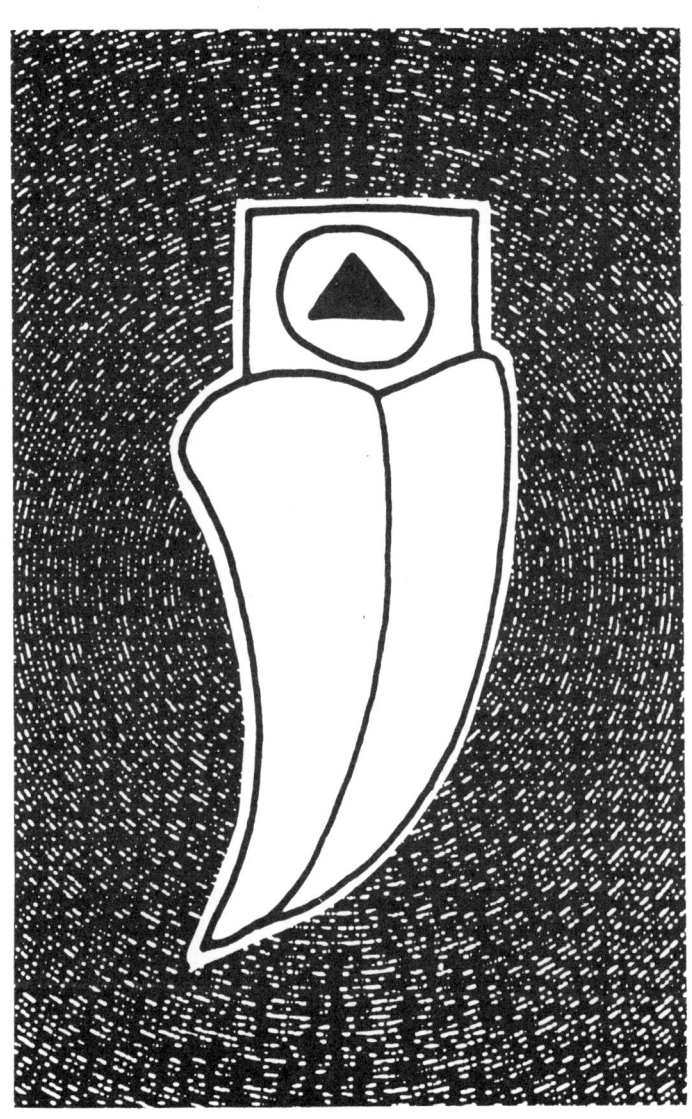

28. 증권에 이기는 주문

　주식 투자에 생명을 거는 사람도 많다. 시세가 급등하든가 폭락함에 따라 그 사람의 운명이 정해지는 경우가 많다.
　다음의 주문을 백지에 쓰고 그것을 늘 몸에 지니면서 아랫배에 힘을 주어가며 냉정히 행동하면 주식 투자의 행운을 맞이할 수가 있으리라.

#

저주는 영혼의 부르짖음인가?

저주 · 2

블라로스의 주술

① "어떠한 괴로움에도 견디겠습니다."
윌스는 결의를 보이듯이 분명히 대답했다.
블라로스의 눈이 반짝하며 번뜩였고 크게 끄덕이더니 윌스를 재촉하여 지하실에의 계단을 내려 갔다.
회사원인 윌스는 자기의 연인마저 빼앗으려는 직장의 라이벌을

주술에 의해 쓰러뜨리라 마음먹고, 영국의 유명한 주술사 블라로스를 찾아온 것이었다.

"나는 주술을 잘 쓸 수 있게끔 힘을 빌려 줄 뿐이지."

블라로스는 다짐을 받듯이 말하더니 곧 주술을 위한 염력의 트레이닝을 시작했다. 8일간 엄격한 트레이닝은 이어졌다.

2 "좋을테지, 이만큼 염력이 강해지면"

블라로스의 승락이 떨어져 곧 주술의 도구가 갖추어졌다.

그것은 109개의 바늘과 가죽으로 만들어진 신장 40cm의 인형이었다. 인형의 몸에 라이벌의 이름을 쓰고 바늘이 동물의 기름으로 태워져 준비가 끝났다.

윌스는 블라로스의 지도를 받아가며 알코올을 인형에 뿜어주고나

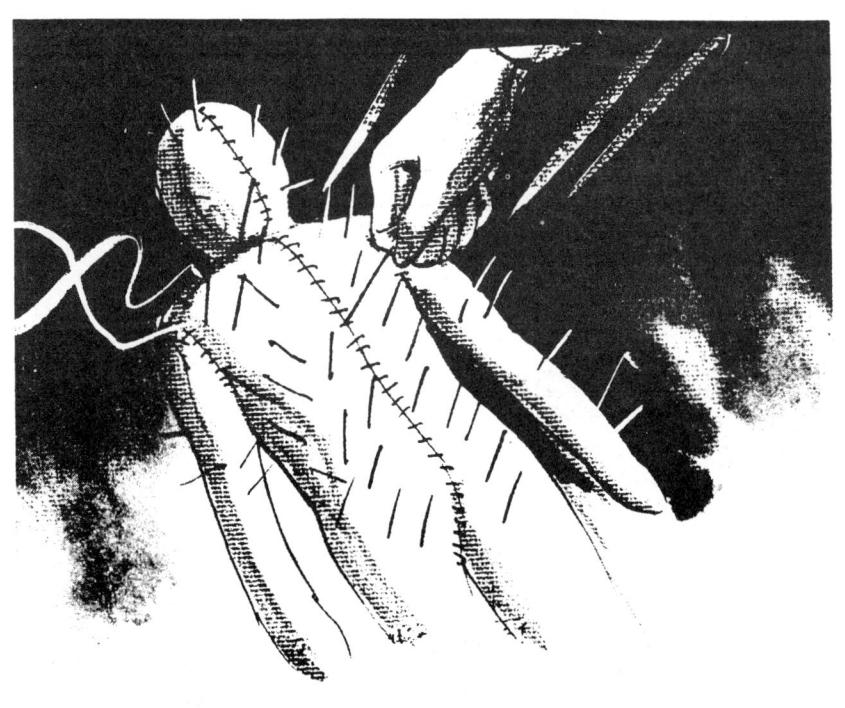

서 불에 달군 바늘을 하나, 또하나 저주의 염을 모으며 손발에 찔러 나갔다.

  5시간이라는 긴 시간이 흘렀다. 그리하여 109개째의 바늘이 인형을 찔렀을 때, 라이벌이던 사내는 아파트의 자기 방에서 돌연 온몸에 심한 아픔을 느꼈고 꼼짝도 할 수 없게 되고 말았다. 윌스의 저주가 걸렸던 것이다.

 핀란드에 있는 라이벌을 쓰러뜨려 성공하는 주술도 또한 무시무시하다. 이 주술은 비밀 조직으로 되어 있는 그룹에서 행해지고 있으며, 그곳에 입회하자면 동지로써 알맞은가 어떤가의 엄격한 테스트를 받은 뒤 재단에 바쳐져 있는 검은 돼지머리를 단검으로 찔러가면서 입신(入信)의 주술을 하는 것이다.

저주·3
성공하는 주술

 이윽고 리터가 검은 돼지머리를 배어 떨어뜨리면, 벌거벗은 입신자의 온몸에 걸쭉한 돼지피를 끼얹는다. 피를 뒤집어 쓴 입신자는 겨울이면 눈으로, 여름이면 뜨거운 물로 그 피를 씻어낸다.
 그리하여 마지막으로 입신자는 온몸을 채찍으로 난타되고 행운을 초래하는 주술의 사용이 허락된다. 그들의 주술은 거의 돈벌이를 하기 위해서이다.

저주 · 4
야매의 주술

[1] 아프리카 탄자니아의 비아라브에 사는 주술사 야매는 캐르메르라는 높은 지위를 갖고 있다.

캐르메르라는 지위는 우리나라의 박사 학위나 대학총장과 같은 것으로서, 탄자니아에 있는 수천 명의 주술사중에 단 세사람 밖에 없다.

야매의 주술에 사용되는 도구는 네개의 사람 뼈 뿐이다. 그것은 수백 년 전의 것으로서 조상 전래의 것이었다.

그 사람 뼈는 양손과 양발의 것으로서 여성의 것이라고 일컬어지

고 있지만, 확실한 것은 아니다.

 야매는 병의 치료부터 악령 밀봉, 인연 끊기의 모든 것을 이 네개의 사람뼈와 주문에 의해 행하는 것이다. 더욱이 그 효험은 놀랍다.

 먼저 사람이 찾아오면, 야매는 자기의 집에 들어오게 하기 전에 그 사람에게 주념(呪念)이 가해진 물을 머리부터 뒤집어 씌우고 그 사람이 어떠한 내용의 주술을 구하는지 알아 본다.

②라이벌을 없애고자 생각하는 사람이 왔다고 하자. 먼저 사람뼈 하나를 그 사람에게 들려주고 주문을 외는 것이다. 그러면 그 사람은 무의식 중에 왜 자기가 주술을 필요로 하고 있는가 말하고 뼈를 심하게 흔드는 것이었다.

내용을 안 야매는 만일 그것이 남자와의 '인연끊기'라면, 발 부분의 뼈에 주문을 외면서 의뢰자의 등을 두드리든가 문지르든가 하

며, 우선 그 사람에게 주념을 집중한다. 다음엔 인연을 끊고 싶은 사람이 살고 있는 방향을 향해 열을 가한 손 부분의 뼈를 미친듯이 심하게 흔든다.

 이렇듯 주문과 사람의 뼈만으로 주술을 사용하는 것은, 수많은 주술자 중에서도 아마 야매 한사람 뿐이 아닌가 싶다.

 더욱이 그 주술은 100퍼센트에 가까운 확률이므로 참으로 무서 주술이다.

저주·5

오무쯔의 주술

[1] 기니아의 코나클리에서 남으로 약 10km 떨어진 곳에 사는 주술사인 오무쯔는 기니아에서 넘버 원의 주술사이다.

오무쯔가 사용하는 주술은 색다르다. 그는 악령에 의한 외상에는 물에 구은 조약돌을 사용하고, 내장이 침범되고 있을 때에는 돌가루를 사용한다.

이것은 오무쯔의 수호령으로서 그에게 주술의 힘을 주는 령이 돌의 정령이기 때문이라는 것이다.

　어떠한 돌에도 돌의 정(精)이 있고, 그것을 사용하면 인간의 악령에 의한 병은 낫는다고 생각되는 것이었다.
　오무쯔는 조상부터의 주술사로써, 옛날엔 부족왕이 고용한 술사(術師)로서 돌에 의한 주술을 사용해 왔었다.
　오무쯔의 방에는 2백 남짓의 크고 작은 돌이 있고 가루로 만든 돌이 수백개의 자루에 담겨져 있다.

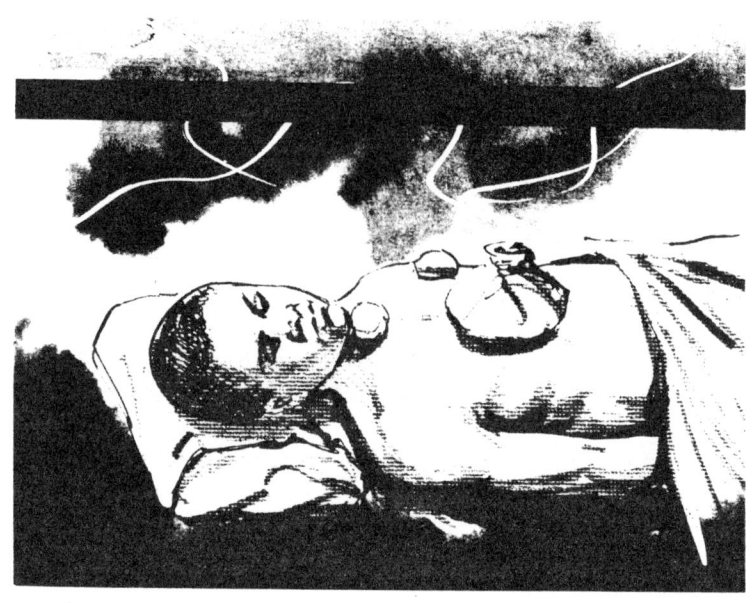

2 "악령의 짓으로 큰 나무에 깔리고 말았지요."

한 소년이 의식을 잃은 채 떠메어져 왔다. 외상도 심했고 피투성이가 되어 있었으며 이미 빈사 상태였었다.

오무쯔는 요사스럽게 반짝이는 검은 조약돌을 14개를 불에 구웠다. 그리고 그것을 헝겊에 싸더니 소년의 가슴과 발에 올려 놓았다. 주문을 외우면서 다시 조약돌 세개를 굽더니 소년의 목과 심장 위에 놓는다.

그리고 악령을 몰아내는 주문을 계속 외웠다.

1주일 후 소년이 의식을 되찾았다.

"염려마라. 꼭 낫을 거다."

오무쯔의 거칠은 악령 퇴치의 주술이 시작되었다. 오무쯔는 돌가루를 몇 종류, 소년에게 먹이고서 다시 돌을 굽고 검은 돌로 온몸을 비볐다. 보통이라면 온몸에 화상을 입을텐데 전혀 아무렇지도 않았던 것이다.

③ 소년은 뜨거움과 아픔에 비명을 올리고 있었으나 악령이 물러가자 차츰 원기를 되찾았고 혼자서 일어나 집으로 걸어 돌아갔다.

오무쯔의 주술로 소년의 타박상도 골절도 나았던 것이었다.

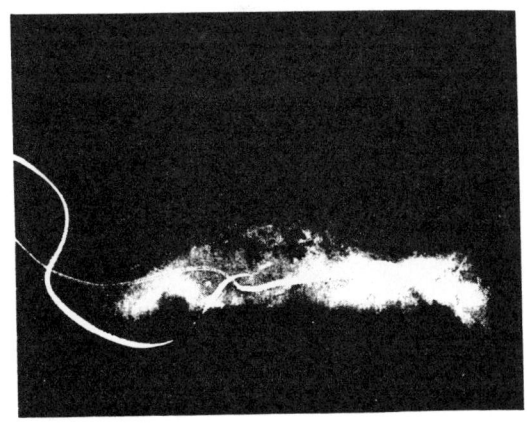

몸과 마음을 태우는

주 술

운명을 개척하는 경이의 갖가지

1. 대인 관계를 끊는 인형

이 주술에 필요한 것으로서 관(菅)을 써서 인형을 만들고, 그것에 다음과 같은 주문을 쓴후 성명과 연령을 기입한다.

인형에 주문을 붙이고 신불의 앞에 올린다. 그리하여 원한의 염력으로,

'옹올라킬리티메일리티메이와야시말레이 소와까'라고 21회 외우는 것이다.

이 주문에 의해 사람을 미치게 만들자면 인형을 네거리에 파묻고, 사람을 죽이려고 한다면 사당 주춧돌 아래 파묻고, 인연을 끊는데는 물속에 넣으며 대인관계를 나쁘게 하는 데는 불속에 넣는 것이었다.

이런 주술을 사용할 경우 무서운 반작용이 일어날 수 있음을 각오해야 한다. 저주가 강하게 전해지는가 여부는 21번 외우는 주문에 염(집중력)이 곁들여 있는가에 달렸다.

2. 상대를 불행케 하는 백합주법

네덜란드에 흑백합을 사용하는 주법이 있다.

먼저 되도록 큰 흑백합의 꽃잎 네개를 구한다. 그런 뒤 달빛이 비치는 물에 3일간 담그어 두고 물에서 꺼낸 꽃잎을 돌로 짓이긴 후 잘 건조시킨다.

그리고 저주하는 상대의 이름을 마늘즙으로 쓴 흰 헝겊에 짓이긴 꽃잎을 붙이고 다음의 주문을 쓴다.

주문은 하루에 1문자로 하여, 1주일로서 완성시킨다. 이 사이 이런 저주를 하는 사람은 육식을 끊어야 한다.

이름이 씌어진 사람은 그 주술에 의해 일생 햇빛을 보지 못하는 듯한 불행을 당한다고 한다. 이 주술은 여성이 주로 사용하는 것이다.

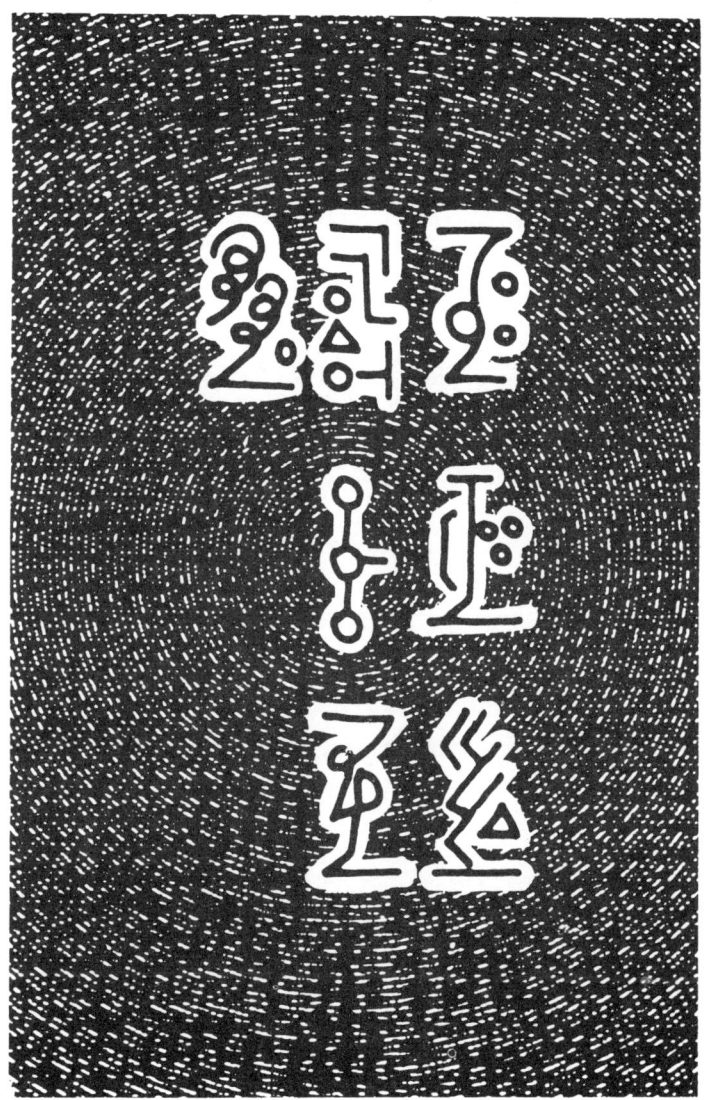

3. 상대를 병들게 하는 주술

 남미 페루의 쿠스코 지방에선 달걀을 사용하는 주술이 성행되고 있다.
 먼저 갓 낳은, 약간 따뜻한 느낌의 달걀을 구하고 그 달걀 껍질에 다음과 같은 주문을 손가락으로 쓴다.
 그리고 양의 생피에 몇시간 담가두고, 그 달걀을 삶아 저주하는 상대에게 먹이면 된다.
 그러면 저주받은 인간은 원인 불명의 고열이 나고 마침내는 발광한 뒤 죽는다.
 이때 주의할 것은 저주하는 상대에게 달걀을 먹일 때 결코 소금 따위를 사용해서는 안된다.
 이 달걀의 주술은 상대를 병자로 만들 뿐아니라 직업상의 라이벌을 쓰러뜨리는 데도 상당한 위력을 갖는다.

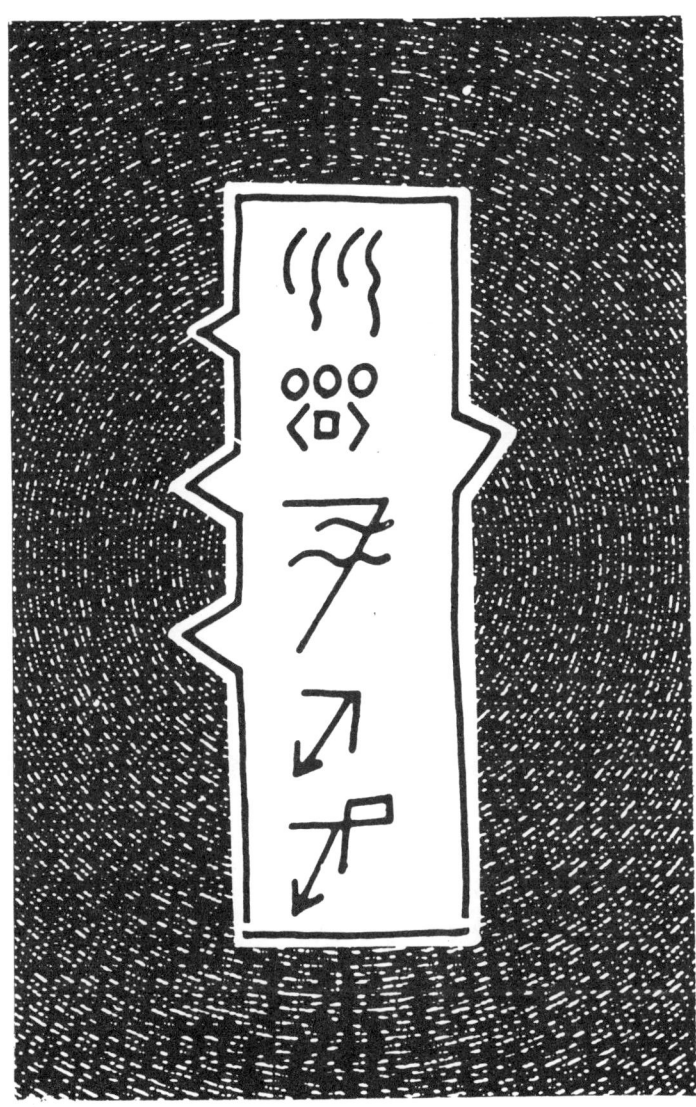

4. 빚돈을 받아내는 게다(왜나막신)

일본의 중부지방 농촌에는 게다를 사용한 저주가 지금도 존재한다.

이는 아직도 신은 지 얼마 안되는 게다를 사용하는 것인데, 게다 짝 뒷면에 숯으로 다음과 같은 저주의 문자를 쓴다.

그리고서 그 게다를 불태워 재로 만든다. 그런 재를 저주하는 상대의 집에 비벼가며 묻힌다.

이 방법을 사용하면 돈을 빌려주고 받지 못하는 상대로부터 쉽게 받을 수 있고, 가게의 번창을 가져 오며 동업의 라이벌을 쓰러뜨리는 일이 가능하다.

게다는 밑받침이 두개인 것이 아니면 효험이 적고 되도록이면 오동나무 게다가 좋다고 한다.

5. 라이벌에게 불행을 준다

　독일에는 두더지를 사용하는 주술이 있다.
　한밤중에 별만 있는 밤에 밭 한가운데 한 그루만 서 있는 떡갈나무 아래서 두더지의 목을 나이프로 찌르고 그런 뒤 가슴에 손가락으로 십자를 거꾸로 쓴다.
　그리고 죽은 두더지를 싼 검은 천위에다 두더지의 피로 저주하는 상대의 이름을 쓰고, 그것을 저주하는 상대의 집 현관 앞에 놓는다.
　이 주술은 자기의 운세를 좋은 방향으로 전환시킬 뿐 아니라 라이벌을 쓰러뜨리기 위해 사용된다.
　그리고 이 주술은 사랑의 라이벌을 쓰러뜨리기 위해선 사용하지 못한다.
　이 주술에 사용하는 두더지는 되도록 큰 것이 좋고 생포한 뒤 며칠 동안 길들이고 소량의 알콜을 먹여 두면 그 효과는 증대된다고 한다.

6. 저주의 짚인형

 이것은 우리나라는 물론이고 중국, 일본 등에서 옛날부터 있었던 주술의 하나로서, 옛날에 궁중에서 후궁이 이것을 사용했다가 많은 사람들이 죽임을 당하기도 했었다. 그 방법은 저주하는 인간의 허수아비를 만들어 그 사람의 침실 앞에 파묻는다든가 가슴에 대못을 박아 염하는 것이었다. 그 방법의 하나로서 우선 흰 무명 한 필을 자기의 몸에 감고서 자락을 길게 늘어뜨린다. 또 머리엔 굵은 새끼줄을 감고 그것에 불을 켠 일곱개의 촛불을 꽂는다. 가슴엔 거울을 매달고 입엔 빗을 물린다. 그리하여 원한을 곁들여 자기의 머리칼을 꼬은 새끼줄로 허수아비를 만든다. 나무 메와 대못 일곱개를 준비한다.
 그리고 달도 없는 깊은 밤, 나무가 우거진 숲속에 있는 굵은 고목에 허수아비를 못으로 때려박는 것인데, 그 고목까지 가는 동안 발이 하나뿐인 나막신을 신고 흰무명의 자락이 땅에 닿지 않도록 질풍처럼 달리는데 머리에 꽂은 촛불이 꺼지지 않도록 해야 한다.
 이때 고목의 줄기에 원한을 염하면서 허수아비를 못질할 때, 그 모습을 누군가 본다면 효험이 없다.
 대못은 하룻밤에 하나씩 박고 일곱개를 일곱밤 걸려 가며 박아야만 한다고 전해진다.

7. 상대를 불행케 하는 종이쪽지

 창호지를 사고 그것을 폭 1.5cm부터 2cm정도로 길쭉하게 자른다. 다음엔 동백기름을 몇방울 떨어뜨려 먹을 진하게 간다.[편리하다고 먹물을 문방구에서 사다가 사용하면 안된다.]
 새 붓을 사용하여 종이쪽지에 저주하는 상대의 이름과 나이를 쓰고 다시 상대를 저주하는 내용, 이를테면 병에 걸리든가 다치게 해달라고 희망사항을 기입한다.
 다음엔 그 종이를 꼰다. 그리고 동백기름에 담그고서 불에 붙여 태운다.
 이상의 일을 새벽 1시부터 3시까지의 사이에 절대로 남이 모르게끔 하룻밤에 1매씩 상대의 연령만큼 불사른다. 재는 새 그릇에 모두 모으고 백지에 싼 뒤 저주하는 상대의 대문이나 뜰에 갖다 놓는다.
 이런 방법으로 저주된 상대는 먼저 저주한대로 병이 나거나 부상을 당하게 된다.

8. 여성이 원한을 푸는 방법

 이것은 유럽 등지에서 옛날부터 사용되는 방법인데 여성이 사용했을 경우만 효험이 있다고 한다. 삼나무 또는 자작나무의 자생목(自生木)줄기에서 그 껍질을 벗겨내어 명함 크기의 것을 12매 만든다.
 이것을 하룻밤 이슬을 맞히고 물기가 있는 동안 한장 한장에 손가락으로 「X · R · G」(원한이란 뜻)의 문자를 쓴다.
 그런 뒤 햇볕에 말린다. 그 다음, 말린 껍질에 저주하는 상대의 이름과 생년월일, 저주의 내용을 바늘로 새긴다. 새기는 방법은 하룻밤에 1매씩 4일간 연속해서 하고, 중간에 3일 쉬었다가 다시 4일간 계속한다는 수순이 효과적이다.
 모두 새기고 났다면 3일간 쉬고 4일째에 12매의 나무껍질을 삼끈으로 묶고 3일 이내에 저주하는 상대편 집 방향을 향해 깊이 20~30cm의 구덩이를 파고 파묻으면 된다.
 저주의 효험은 1주일부터 3주일 사이에 나타나는 모든 행동을 제3자에게 보여선 안된다.

9. 심장을 다치게 하는 잎사귀

　중국 남부에는 나뭇잎을 사용하는 주술이 있다. 사용하는 나뭇잎의 종류는 특별히 정해져 있지 않지만, 푸릇푸릇한 잎사귀를 하나 구하여 그것을 맑은 물로 깨끗이 씻는다.
　그리고 그 나뭇잎을 달빛으로 비춘다. 다음엔 양이나 돼지 피에 며칠 동안 담그어 둔다. 꺼낸 나뭇잎을 다시 한번 맑은 물로 씻은 후 나뭇잎에 다음과 같은 주문을 써 넣는다.
　여성일 경우에는 입술연지로 주문을 쓰면 특히 효험이 있다. 주문을 써넣은 그 나뭇잎을 저주하는 상대의 가슴에 대면 그 효과는 즉각적으로 나타난다. 저주된 사람은 심장이 심하게 아프기 시작하고 심장이 약한 사람은 그대로 죽어버린다고 한다.

10. 증발자를 찾는다

이것은 요즘말로 말해서 증발 인간을 찾아내는데 있어 효과적인 주술이라고 하겠다.

가출인의 행방을 모르게 되고, 그 행방불명자에게 '발묶음'의 주술을 걸고서 한시바삐 불러오는데 있어 매우 효과적이다.

이 주술은 우측과 같은 주문을 쓰고 필요 사항을 기입한 뒤 ○표의 곳에 못을 박는다.

보다 효과적으로 이 주술을 사용하려면 주문을 석 장 쓴다. 한장은 칠성신을 모시는 곳에 바치고 또 한장은 그 아래 거꾸로 붙인다. 그리고 또 한장은 가출인이 사용하던 밥그릇에 넣어 엎어놓고 그 그릇 위에 한 자의 바느질 자를 올려 놓는다.

이런 주술에 의해 가출인이 발이 멈추고 귀가했다는 사례가 많다.

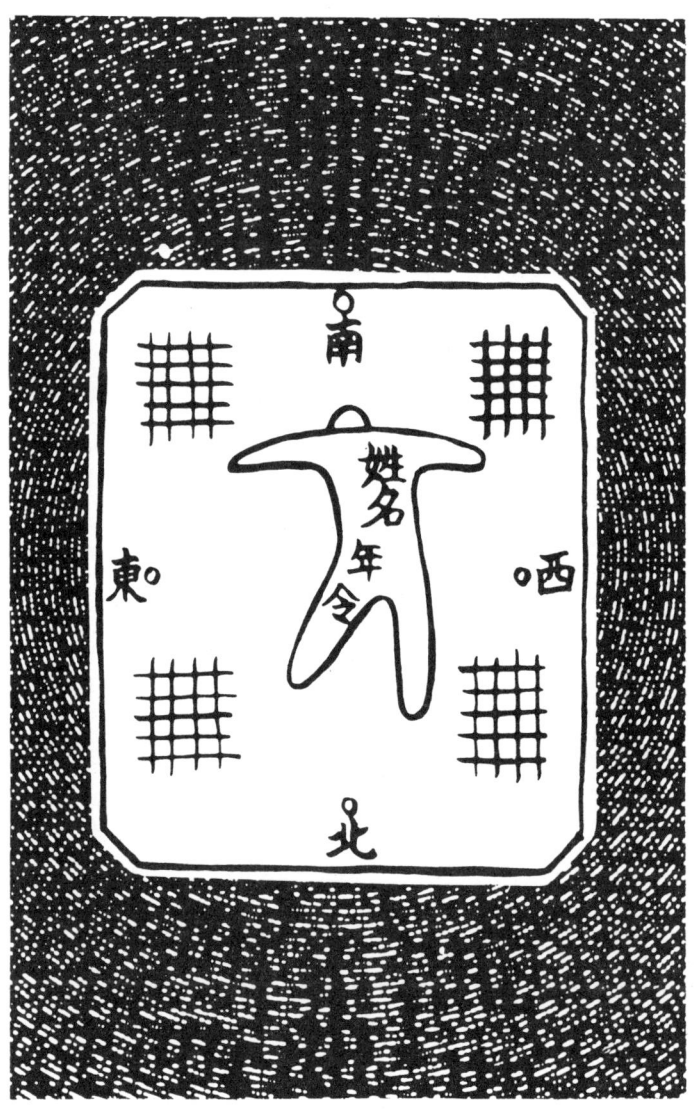

11. 사모하는 여성을 얻는 뱀 주술

 벨기에의 경우 연모하는 여성과 어떻게든지 맺어지고 싶을 때는 다음의 주술을 사용한다.
 붉은 뱀을 다섯마리 잡는다. 어디까지나 자기가 잡아야 하는 것이다. 붉은 뱀을 잡았다면 다섯마리 가운데 세마리를 죽이고 그 목과 가죽을 남겨 둔다.
 다음엔 연모하는 여성의 소지품, 손수건이든 뭣이든 좋지만 그것을 구한다.
 손수건이 손에 들어왔다면 손수건에 세마리 뱀의 목과 가죽을 싸아 3일 밤낮을 밤이슬에 맞힌다. 제3자가 보아서는 안된다.
 나흘째인 밤, 나머지 두마리의 뱀으로 하여금 손수건을 물게 하고 그것에 끓는 물을 끼얹는다. 물은 고온일수록 좋고 뱀이 즉사하는 편이 좋다.
 즉사한 뱀의 껍질을 벗기고 그것을 여자에게 건네면 된다는 것이다.

12. 체모로 연애를 성공시킨다

사랑하는 여성과 함께 되고 싶다고 소원하는 사내가 많다. 그것이 뜻대로 되지 않는 게 이세상의 남녀 사이다.

뉴지일랜드에서는 사랑하는 여자를 자기의 것으로 만들기 위해 다음과 같은 주술을 사용하고 있으며 효과는 높다고 한다.

먼저 자기의 음모 여덟개를 뽑아 알콜에 담근다.

다음에 딸기를 여덟개 준비하고 이것을 소금물에 8일간 담근 뒤 깨끗이 건조시킨다.

그리고 딸기 하나에 음모를 하나 꿰고서, 딸기를 그녀의 집 뜰에 파묻는다. 딸기를 파묻고서 8일후 남자는 그녀에 대해 대담하게 살며시 '딸기맛이 어떻습니까?'하고 묻는 것이다.

한 여성에 대해 세번까지 이 방법을 사용해도 좋다고 한다.

13. 사모하는 남성과 맺어지는 주술

사랑은 사람을 미치게 만든다고 하듯이 특히 여성은 사모하는 사내와 맺어지기 위해선 무엇이든 하는 법이다.
이 점은 양의 동서를 불문하고 어디나 모두 같다.
헝가리의 여성이 그와 같은 목적으로 사용하는 주술로서 '팬티 주술'이 있다.
여성이 생리시 사용한 팬티에 연모하는 사내의 이름을 쓰고, 그것을 빨간 천으로 싸고서 남의 눈에 띄지 않는 숲속에 묻고 그 주위를 연인과 자기의 연령에 맞춘 수만큼 도는 것이다.
걸으면서 '태양은 아침, 달은 밤에 나옵니다. 저의 마음도 당신과 함께 있습니다.'하는 말을 연신 외우는 것이다.

14. 손수건으로 미인을 획득한다

캐나다, 스칸디나비아 지방에서 사용되는 남성을 위한 연인을 획득하는 주술이다.

이 방법은 특히 간단하고 누구라도 곧 할 수 있다.

새 손수건을 석 장 구한다. 그 손수건 하나에 소유하고 싶은 여성의 이름을 크게 쓴다. 또 한장엔 그녀의 생년월일을 쓰고 나머지 1매에는 다음과 같은 주문을 크게 쓴다.

이 석장의 손수건에 각각 문자를 쓸 때에는 달이 뜬 새벽 1시가 가장 좋다고 한다.

연인의 성명과 생년월일과 주문을 쓴 손수건으로 싸고 그것에 오줌을 눈다.

그리고 그 손수건을 연인의 집 앞에 누구도 보지 못하게 파묻으면 된다.

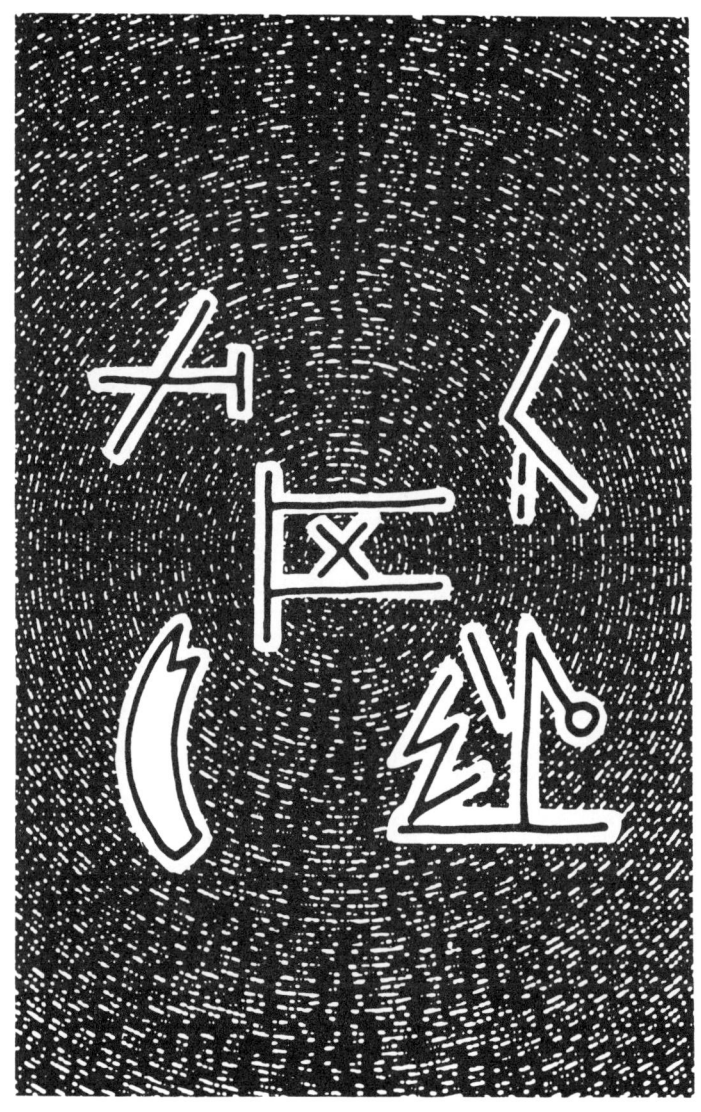

15. 사진으로 연모하는 남자의 마음을 쏟다

이는 중남미에서 사용되는 여성용의 주술이다.

먼저 사모하는 사나이가 혼자서 찍은 사진을 구한다. 그런후 그 사진의 뒤에 그리움과 소원을 생리의 피로서 쓴다. 그 위에 다음과 같은 주문을 써넣는다.

그 사진을 연인의 집 방향인 책상, 화장갑 등에 넣어둔다.

다음은 그 남성에 접근하는 찬스를 노리고 눈치 채이지 않도록 상대편 포켓에 집어넣는다. 만일 같은 회사의 남성이라면 그 사람의 책상 서랍에 넣어두어도 좋다.

그리고 주문을 백지에, 상대의 나이 수만큼 써넣고 그것을 불살라 재를 종이 또는 헝겊에 싸서 몸에 지닌다.

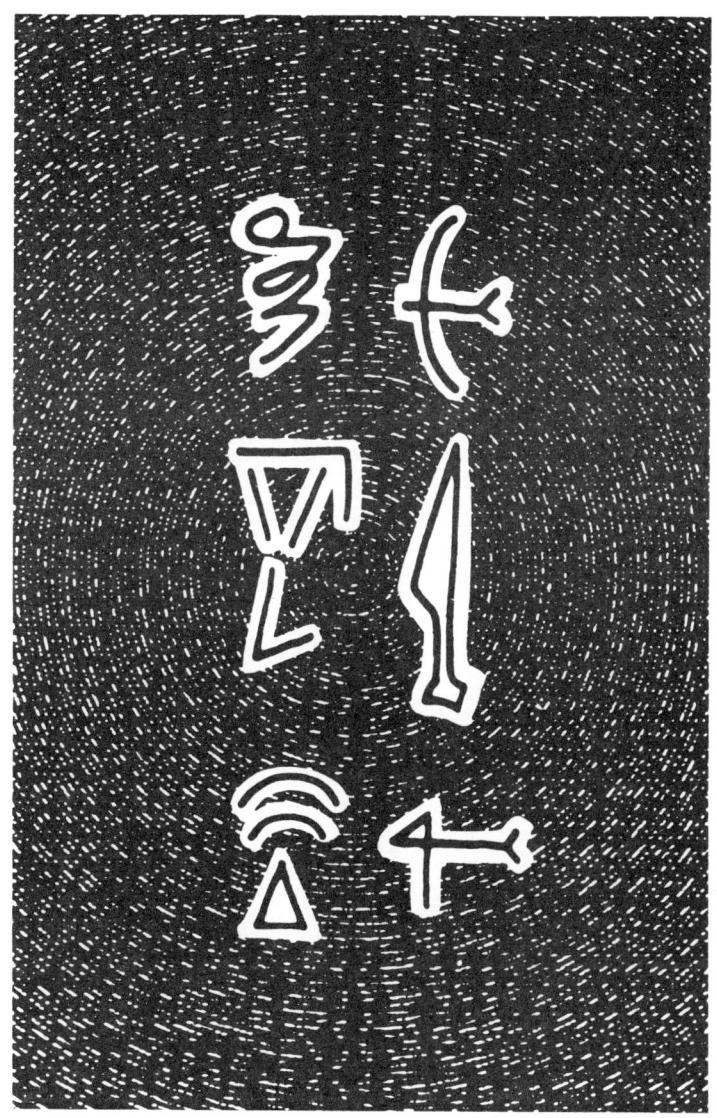

16. 사모를 전하는 주법

 세상의 남녀로서 좀처럼 뜻을 이루지 못해 사건을 일으키는 일도 적지 않다. 현대처럼 매사를 뜻대로 행동할 수 있을 때 왜 그렇듯 뜻을 이루지 못하는지 이상하게 생각되지만, 현실로는 그런 고뇌로 괴로워하는 남녀가 많다.
 이런 고뇌하는 남녀를 대상으로 한 하나의 직업마저 태어나고 있다.
 이것은 그와 같은 뜻을 이루지 못해 고뇌하는 사람들을 위한 주술이다.
 옆의 그림과 같은 주문을 백지에 적는다. 이 경우 특정의 대상이 있다면 그 사람에 대해 염하면서 마음에 떠올리고 쓰는 것이 보다 효과적이다.
 만일 그와 같은 사람이 없을 경우는 자기의 뜻이 이루어지게 해주소서 하며 열심히 생각하면서 쓰면 된다.
 이 주문을 썼다면 책상 아래 넣고서 잠잔다. 그러면 반드시 그 뜻이 이루어지고 목적이 달성된다고 한다.

17. 혼인수가 먼 사람을 구하는 법

 세상에는 좋은 표현을 한다면 내성적, 마음 약한 남성이 많고 자기의 의지와 행동으로 여성과의 교제를 못하여 고뇌하는 사람이 많다.
 현실의 문제로서 여성과의 연(綠)을 구하는 것은 스스로의 의지와 행동에 의하는 것이 가장 바람직하기는 하지만 여기서 그와같은 여자 인연이 엷은 사람들을 위한 주술을 소개하겠다.
 다음의 주문을 백지에 쓰고 그것을 다시 백지로 싼후 항상 목에 걸어두도록 하는 것이다. 그러면 인연이 찾아오고 좋은 여성과 만날 수 있다.
 다만 그와같은 남성에 말할 수 있는 것은 이런 주술에 의존하여 자기의 약한 마음, 비행동성을 커버하겠다는 사고 방식은 고치는 게 좋다.

18. 남자와 헤어지는 주문

　세상에는 나쁜사내 때문에 고민하는 여성도 많다. 그런 사람은 그런 사내로 부터 떨어지게 하기위해 온갖 수단을 사용한다. 그러기 위한 형사사건조차 일어나고 있는게 현실이다.
　어떻게 하면 나쁜 사내로부터 떨어지는가? 이것은 그와같은 체험을 가진 여성만이 괴로워하는 일이다. 그러한 여성이 사용하기에 가장 알맞다고 생각되는 게 이 주술이다.
　주문을 쓴 백지를 늘 몸에 지니고서 떼놓지 않는다면, 자연히 그 나쁜 사내로부터 떨어질 수가 있다고 한다.

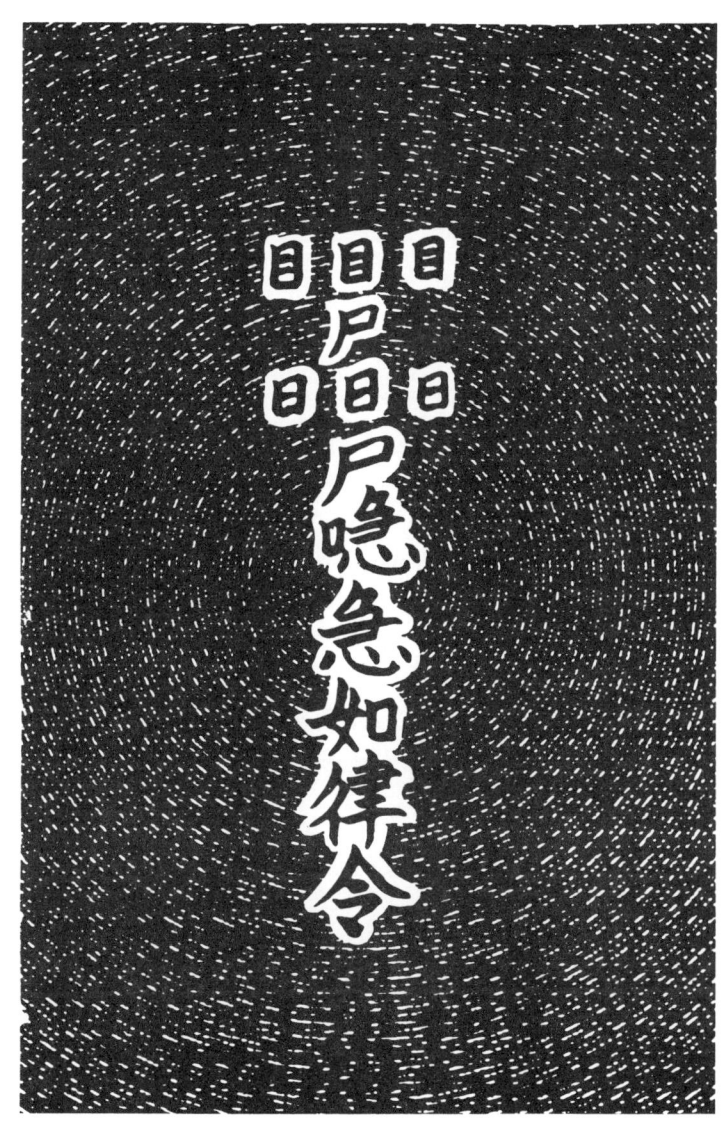

19. 남녀의 유대를 굳히는 법

　세상의 남자와 여자가 원만히 살기 위해서는 일반적으로 일컫는 표현을 빌린다면 서로 인내와 이해, 이 두가지에 집약된다.
　그렇지만 남녀간의 다툼, 이는 항상 뒤따르고 있는 일로서 남녀의 원만을 구하여 매스콤에서 '인생 상담'이란 것이 번성되고 있는게 현실이다.
　그러한 사람들을 위해 다음의 주문을 쓰고 그 주술의 힘을 빌리도록 권하겠다.
　옆의 주문을 백지에 적고 남녀 모두 항상 몸에 지니고 있는 것이다. 그러면 말다툼같은 싸움은 없어지고 남녀의 사이가 원만하게 되리라.
　이와 같은 일에 의해 남녀의 사랑이 얻어져도 기본적인 문제는 역시 인간끼리의 이해며, 이 주술에만 의존하는 것은 위험하다고 하겠다.

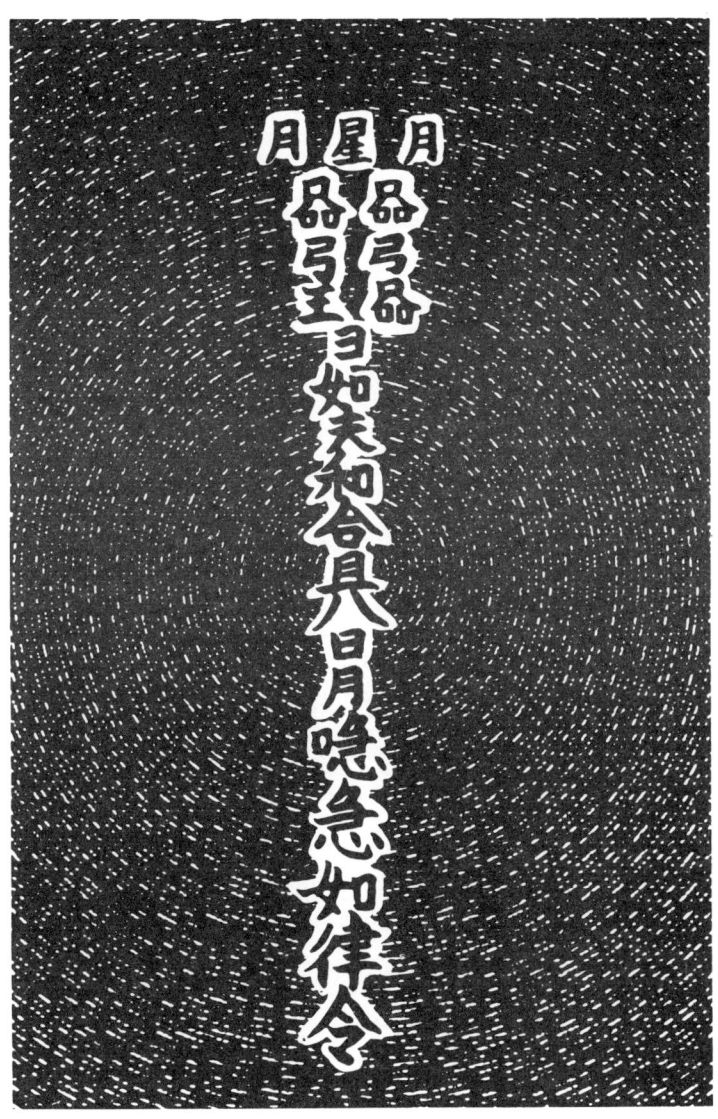

20. 모발로 사내를 저주한다

　중국에선 여성이 남성을 저주할 때 그 머리털을 쓰는 주술이 있다.
　여성은 감은 머리에서 원한을 염하며 머리털을 네가닥 **뽑는다**.
　그리고 다음과 같은 주문을 외면서 옆으로 뉘인 바늘 위에서 4백번 두들긴다. 다음엔 머리털을 촛불로 반쯤 태운다. 그리고 저주하는 사내의 집 우물에 그것을 던져 넣는다.
　저주된 남성은 으례 원인 불명의 고열로 신음하고 사람에 따라선 그것이 원인이 되어 중병을 앓는 일도 있다고 한다.
　여성의 머리털을 쓰는 주술이 중국엔 비교적 많고, 여기서 소개한 것은 중국 동북지방의 것이지만 서부나 남부에서도 머리털을 쓰는 주술이 많이 행해지고 있으며 뽑는 머리털의 장소와 머리털에 무명실을 섞는 등 다른 방법으로서 저주하는 내용도 다르다.

21. 교제를 원만케 하는 주문

　이 주술은 사람들과의 관계를 좋게 만들고 매사를 순조롭게 하기 위해 사용하는 것인데, 다음과 같은 주문을 먹으로 쓸 때 온화한 심정이 중요하다.
　최초의 주문은 창호지와 같은 한지에 적고 그것을 늘 몸에 지니고 있으면, 사람과의 교제는 원만해지고 가족과의 화합도 좋아진다.
　또하나의 주문을 소지하고 있으면 사람들로부터 존경되고 만사에 성공할 수 있다고 한다.

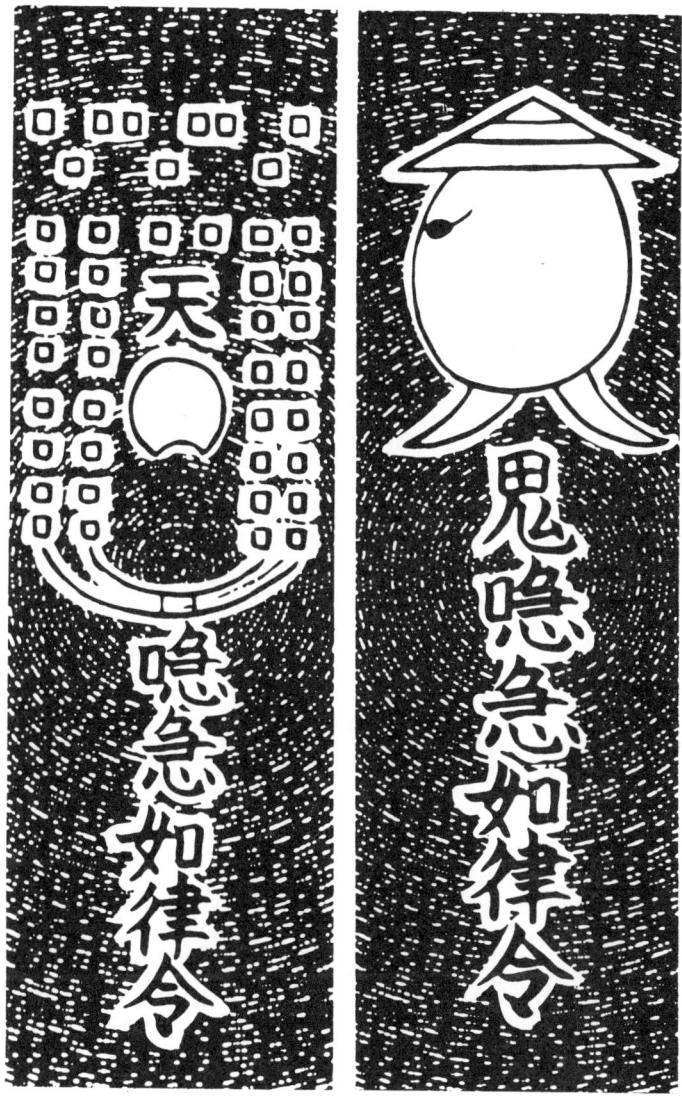

22. 간질병을 고치는 널판지

먼저 두께 10cm 남짓의 뽕나무 널을 구하고 그것에 다음과 같은 주문을 쓴다.

그리고 다섯치 못 12개로 자축(子丑)의 순서로 12지를 박는다. 다음에 '자(子)'의 몫에서 못을 뽑고 천지인일월(天地仁日月)의 순서로 못을 박는다.

이때 다음과 같은 주문을 외운다.

'옴바타로시야, 엄니의 내뿜는 숨결, 들이마시는 숨결, 땅에 부는 바람, 하늘에 부는 바람에 천 리를 가는 덩굴이 하나 살아 뿌리를 내리고, 잎을 말라죽이는 아래에는 부동(不動)의 불길이 있고 위에는 오색의 구름이 있는데 벌써 불어왔다. 신풍(神風)이!'

이것을 되풀이 하며 외운다.

끝낸 뒤 널은 강물에 띄워 보내야 한다.

이 주문에 의해 간질병자의 많은 사람이 낫았다고 하며, 그 효험은 매우 높다고 한다.

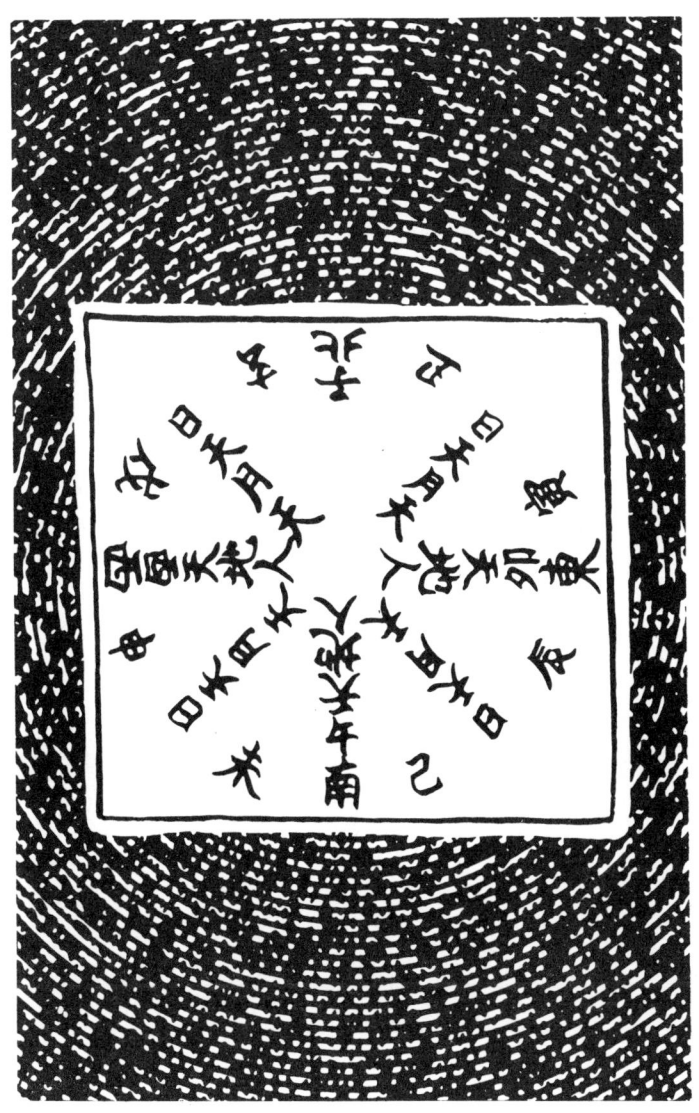

23. 잘 우는 아이의 울음방지 주문

　어렸을 때 아기는 울기 마련이지만, 지나치게 잘 우는 아이가 있다. 일본에선 이것을 '우는 벌레'가 있다 생각하고서 예방으로 그것을 막는 주술이 있고 여기에 소개하는 것이 그것이다.
　다음과 같은 주문을 어린이의 가슴 및 좌우의 손에 쓰면서 '천지현묘행, 신변통력'이라고 주문을 왼다.
　그리고 주문을 백지에 쓰고 이것을 넷으로 접어서 옆의 주문을 써서 기둥에 붙여두면 좋다.

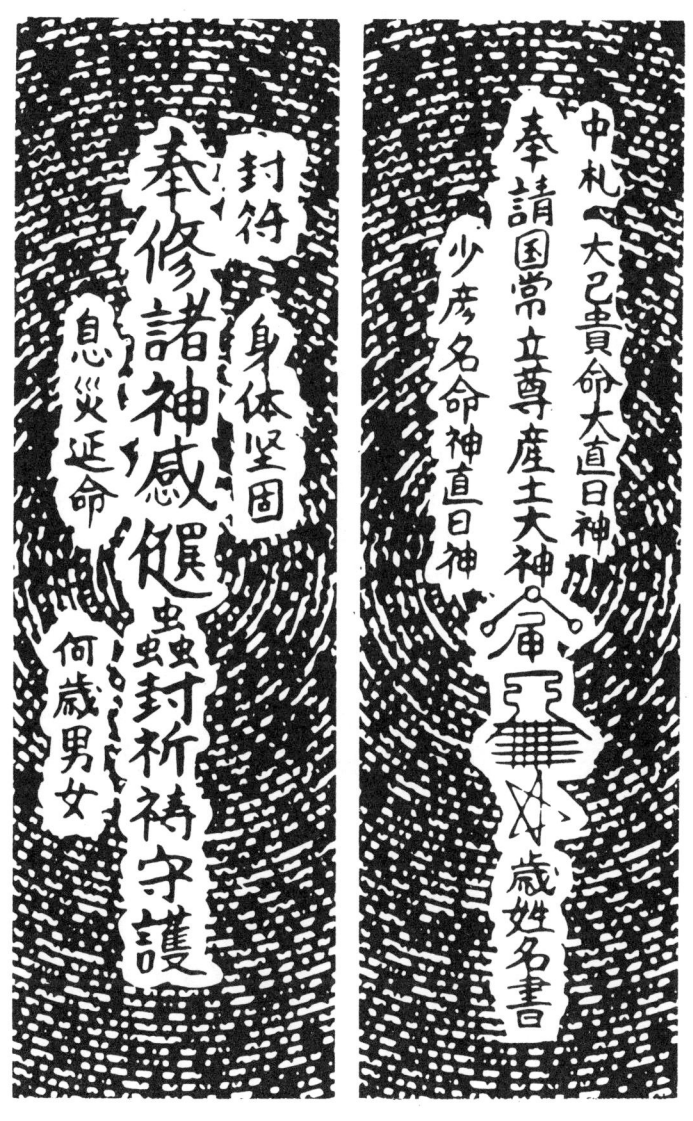

24. 종기를 만드는 검은 고양이 주법

구 소련의 야쿠트 지방에는 검은 고양이를 사용하는 주술이 있다.

먼저 저주하는 상대의 이름과 그사람의 신체 부분(종기를 나게 하고 싶다는 장소)를 백지에 쓴다. 다음에 남자는 소, 여자는 말의 날피를 고양이 발바닥에 칠하고 저주하는 상대의 이름과 신체부분을 적은 종이 위를 걷게 한다.

그리하여 제3자에게 보이지 않도록 비밀히 그 종이를 태운다. 특히 새벽 3시에 그 종이를 태우면 효과가 한층 강하다고 한다.

이 검은 고양이의 저주를 받은 사람은 어떤 약을 쓰더라도 낫기 어려운 종기가 생긴다고 한다.

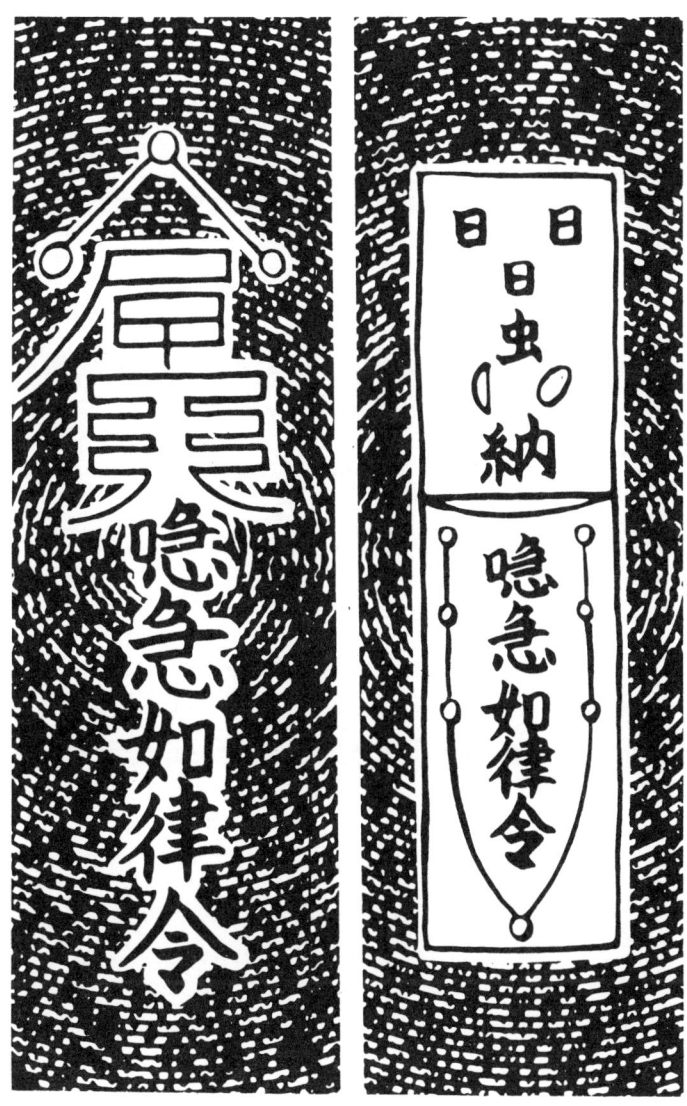

25. 가족의 병을 물리친다

병골인 사람, 집안에 병자가 그치지 않는 집 등에서는 다음과 같은 주문을 쓴 주술을 사용하면 좋다.

먼저 주문을 쓰는 종이는 청색인 것이 좋다. 주문을 쓴 종이를 늘 몸에 깊이 지니면 각자가 그 부적에 의해 병도 낫고, 병자도 줄어 건강한 가정이 이루어진다.

그리고 주문의 문자는 먹을 사용해야 하며, 결코 사인 펜을 사용해서는 안된다.

가족중의 한사람만이 병을 고칠 경우라도 가족 전원이 이런 용지를 갖고 있는 것이 중요하다.

다만 여기서 주의하고 싶은 것은 이런 주문이 모든 병에 효험이 있다고는 생각지 말아야 한다. 사람에 따라 내용에 따라 그 발하는 염파(念波)가 틀리기 때문에 먼저 의사에게 진찰을 받아 병의 증세에 대해 알아두어야 한다.

26. 전염병으로부터 몸을 지키는 부적

　전염병이나 기분이 나쁜 난병, 기병(奇病)이 유행했을 때의 주술이다.
　먼저 10문자의 주문을 버드나무 널에 쓰고 현관의 안쪽에 달아둔다. 그리고 병자의 집을 방문할 때도 감염의 염려가 있을 때에는 그 다음의 주문을 백지에 쓰고 수도(手刀)로 이 문자를 비스듬히 베고서 문자를 쓴 부적을 몸에 지니면 좋다.

27. 피로를 느끼지 않는 주법

　며칠밤이고 잠자지 않아도 졸립지 않다든가 피로하지 않는일은 불가능하다.
　다음의 방법을 취하면 아무리 졸리고 피로하더라도 그것을 제거할 수가 있다.
　(1) 매일 아침 매실(梅實)을 차와 함께 먹을 것
　(2) 볼일이 없을 때는 눈을 반쯤 뜨고 있다든가 또는 좌우 교대로 감고 한쪽만 뜨고 있을 것.
　(3) 올빼미의 꼬리를 검게 태워 물에 풀고 배꼽에 넣고서 종이를 붙여둘 것.
　(4) 갈증이 날 때에는 삼씨의 탕물을 마실 것.
　(5) 검은 콩을 늘 먹으면 좋다.
　(6) 하루에 세 번쯤 5분간쯤 한껏 힘을 내도록 시험해 볼 것.
　(7) 한밤중 인가가 없는 곳에서 목청껏 소리를 내며 2~3분 외치면 좋다.
　이것을 3년간 반복하여 실시하면 신선과 같은 경지에 들어가 정신은 강해지고 어떠한 일에도 굴하지 않으며 또한 피로도 느끼지 않게 되리라.

28. 두통을 일으키는 빗

포르투칼의 어느 지방에는 빗을 사용하여 하는 주술이 있다.
이 주술을 사용함에 있어서는 먼저 저주하고 싶은 상대가 쓰는 빗을 손에 넣지 않으면 안된다. 다음엔 동물성의 기름을 프라이팬에 넣고 그것에 다음과 같은 주문을 부젓가락으로 쓴다.
그리고 같은 주문을 백 번 외우면서 끓은 기름 속에 빗을 넣는다. 이것으로 저주는 걸린다고 한다.
빠르면 며칠 뒤 저주된 사람은 격렬한 두통에 사로잡히고 마침내 머리털이 하나 남김없이 빠지고 마는 것이다.

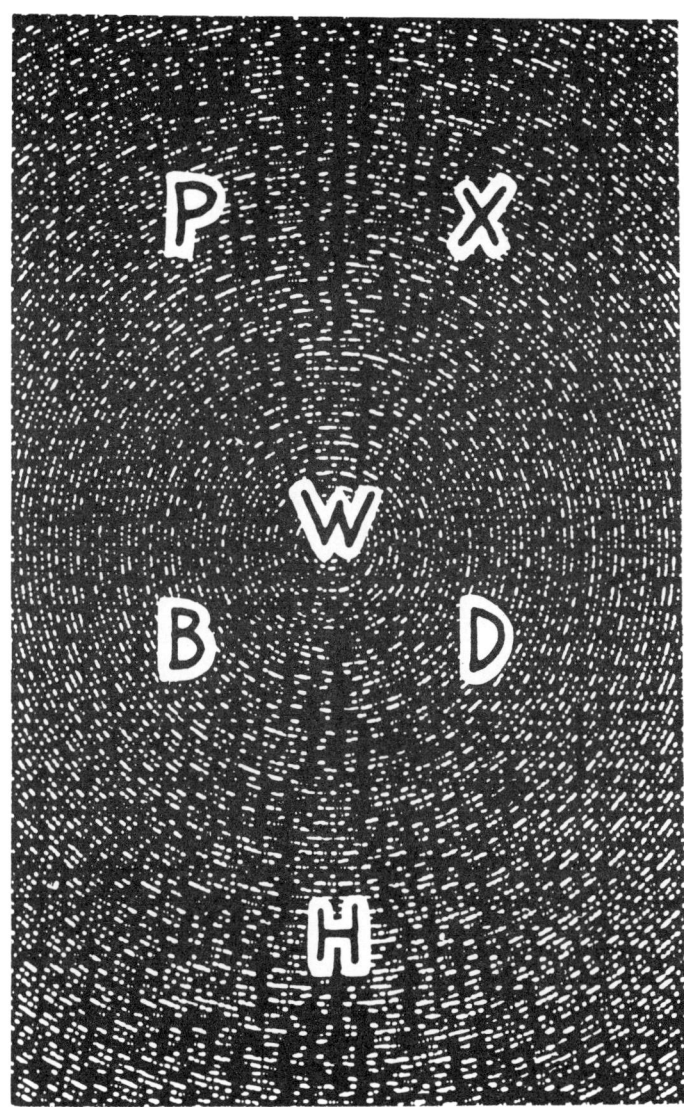

29. 악령을 몰아내는 주술

운을 타고난 사람에게도 때때로 원인 불명의 불행이 찾아오는 일이 있다.

그와 같은 때 악령이 붙었다고 한다. 영이 붙었다 하여도 그것은 눈에 보이지 않는 것으로서, 손쓸 도리가 없고 그때문에 주술이 사용된다.

먼저 한지[반절 크기의 것]를 준비하고 그것에 영을 부려 '怨' 이라는 글자로 사람의 모양을 만드는 것이다.

완성된 한지를 침실이나 책상 안에 붙여두는 것인데 붙일 때는 풀을 사용치 않고 못으로 한지를 못질한다.

3일이 지나면 불태워 버리고 재차 같은 것을 써서 못질해 두는 것이다. 어떠한 악령이라도 다섯번 하게 되면 도망친다고 한다.

30. 달라붙은 영을 쫓는 인형

무언가 신들렸다고 생각될 때에는 다음의 주술을 써보면 좋으리라.

붉은 찰흙을 준비한다. 그 찰흙을 입에 품은 물을 뿜으면서 잘 반죽한다.

다음으로 찰흙을 써서 자기의 분신(分身)을 만든다. 인형이 되었다면 '이리로 옮기세요'라고 외우면서 식물성의 기름을 끼얹고 건조시킨다.

기름으로 굳히는 데는 21일간 시간을 들이는게 중요하다.

"악마여, 사라져라!"

기름으로 굳어진 흙인형을 잘 드는 칼로 난도질을 하는 것이다. 단숨에 해치워야만 하며, 잘못되어 이튿날까지 남겨두어선 안된다.

그때의 탈이 무섭다.

31. 대용품인 자작나무 인형

 악령에 사로잡혀 몸의 상태가 나빠져 있는 사람이 쓰는 주술이다.
 자작나무의 껍질을 준비한다. 그 나무껍질을 소금물에 사흘 밤낮을 담근다. 그리고 햇볕에 잘 말린다.
 건조된 나무껍질을 사용하여 허수아비 모양의 인형을 오려낸다. 3매 오려내는 것이다.
 인형이 되었다면 '除靈'의 두 글자를 쓰고 밥을 갠 풀로 맞붙인다. 문자를 쓰는 위치는 인형의 목 언저리가 좋다고 한다.
 고리고 또 잘 건조시키고 끌을 사용하여 그 인형을 잘게 부수는 것이다. 이때「반야심경」과 같은 경문을 외면서 작업하는게 좋다고 한다.
 그런후 잘게 부순 인형을 강이나 바다에 떠내려 보낸다.

32. 동물령을 쫓는 주문

동물령에 사로잡혀 고뇌하는 사람의 이야기를 듣는다.

축령(畜靈)의 해는 크고 괴로움을 당하는 일도 많지만, 이 주술에 의해 축령을 쫓아버리는 것이 가능하다.

다음과 같은 주문을 쓴 정체불명의 얼굴같은 것을 백지에 그리는 것이다. 그 경우 눈은 되도록 크게, 뚜렷이 그리는 게 필요하다.

부적을 만들었다면 그것의 눈을 송곳과 같은 것으로 쿡쿡 찌른다. 이때 조금도 망설이는 심정이 있어선 안된다.

눈을 으깨어 버렸다면 다음엔 그 부적을 촛불로서 가운데부터 태워버리는 것이다.

태운 종이의 재는 물에 떠내려 보내야 하며 태운 장소에는 소금을 뿌린다.

33. 악몽을 지우는 주문

　흔히 악몽을 꾸고서 가위에 눌렸다든가 그 때문에 기분이 나빠졌다는 이야기를 듣는다.
　왜 그와같은 악몽을 꾸는가, 더욱이 그 악몽이 몇일 후 현실의 것이 되어 오싹해지는 일이 있다. 악몽을 꾸게 됨으로서 이튿날의 활동 페이스가 어긋나는 일도 있다. 악몽만큼 뒷맛이 개운치 않은 것은 없다.
　그것을 없애기 위해 다음과 같은 주문을 백지에 쓰고 악몽을 꾸지 않도록 염하면 된다.
　며칠 뒤에는 반드시 효과가 있다.

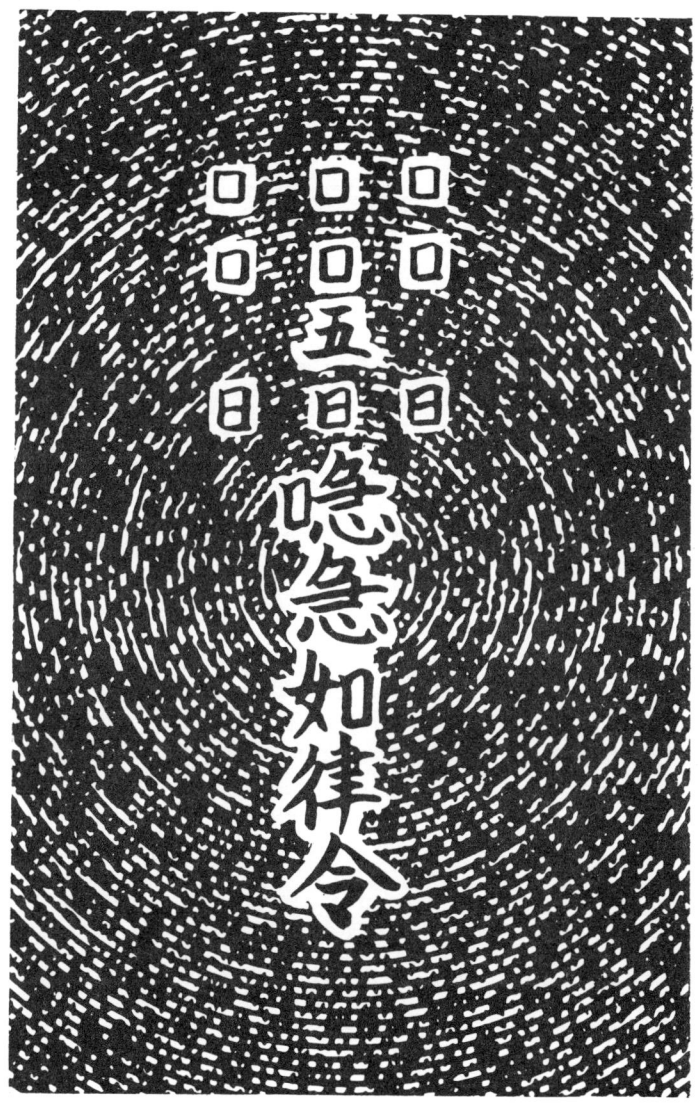

34. 사신(死神)을 쫓아버리는 주문

다만 까닭없이 비틀비틀 죽고 싶어질 때가 있다. 이런 현상을 (사신)이 붙었다고 하는 사람이 있다.

현대식의 표현을 한다면 이것은 극도의 노이로제에 걸린 현상으로서, 좀처럼 낫기가 어렵고 더욱이 몹시 위험한 경우가 많다.

이와같은 음울한 상태가 되었을 때, 혹은 평상시라도 다음의 주문을 백지에 쓰고 소지하고 있다면 사신의 꾐에 빠지지 않고 사로잡히는 일이 없다.

물론 사신은 정말로 존재하는지 어떤지는 의문이다.

35. 주술을 벗어나는 방법

　주술을 쓰는 사람에게 있어 동시에 중요한 일은 저주된 것을 재빨리 알아차리는 능력을 기르는 일이다. 당했다고 느끼고 저주를 건 상대를 뚜렷이 알았을 때에는 한시바삐 그것을 푸는 방법을 강구해야 한다.
　① 아침의 첫번째 샘물(수도물)을 깨끗한 그릇에 받고 물속에 손가락으로 상대의 성명과 '聖'의 문자를 상대편 연령의 수만큼 쓴다. 그런 뒤 그 물을 상대편 집 방향을 향해 뿌린다. 이것을 1주일 계속하면 좋다.
　② 은행나무의 새잎을 석 장 손에 넣는다. 그런후 그것을 식물성의 기름으로 가볍게 뒤치고 빨간 헝겊에 싸서 상대에게 보낸다. 빨강 헝겊으로 효험이 나타나지 않을 때에는 다시 검은 천을 사용하고 그것에 '怨'이란 문자를 크게 쓰고 기름에 튀긴 은행잎을 싸서 보내면 효험이 있다고 한다.
　③ 닭의 깃털을 상대의 나이 수만큼 구하고 각각 깃털의 반을 검게 칠한 뒤 그런 깃털을 상대의 집 앞에서 태운다.
　이런 저주를 푸는 방법은 어느 것이나 강한 신념과 그 일에 전념하는 것이 중요하고 절대로 제3자에게 알려지지 않는다는 게 필요불가결의 조건이다.

36. 태아의 영을 위로한다

여성중에는 중절하든가 유산시킨 태아[수자(水子)라고 함]의 영에 의해 괴로움을 당하는 사람이 많은 것 같다.

그와 같은 여성은 다음과 같은 주술을 사용하면 좋다고 한다.

빨간 천을 사용하여 길이 10cm쯤의 신과 흰 천으로 세모꼴의 기를 만드는 것이다.

신바닥에 '安'이라는 문자와 여성의 이름을 쓰는 것이다.

다음엔 신 안에 초를 세우고서 불을 켜고 그 불로 고기(무엇이든 좋다)를 굽고 구운 고기를 신 안에 채운다.

삼각기에는 태아의 영에 제대로 이름을 지어 써주고 역시 신 안에 넣어준다.

그리고 신을 흰 천으로 싸고 뜰의 양지바른 곳에 묻어주면 된다.

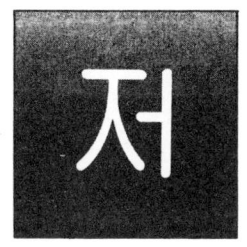 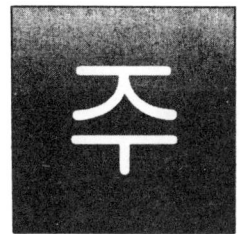

저주로서 폭로되는 원한과 영

저주·6
할로의 주술

[1] 힐로는 70년간 이상 티히티섬 남단의 마을 사람들에게 공헌해 왔다. 그는 지금 90세가 넘는 노인으로서 유명한 주술사의 핏줄을 이어 받았다.

기묘한 주문이나 토착의 비약을 쓰는 일로서 힐로는 평판이 높았었다.

힐로의 다정한 폴리네시아인 지킬 박사로부터 악마인 하이드씨에의 전환은 토키라에 있는 그의 집 이웃 농장을 어떤 프랑스인이 샀을 때부터 시작되었다.

②이 농장은 힐로의 형님이 소유하던 것이었는데, 그가 사망후 어쩔 수 없는 사정에 몰려 파삐토에 있는 토지관리소에 나타난 최초의 바이어에게 농장을 팔았다. 이 바이어는 마르세이유에서 온 프랑스인이었다.

힐로의 조상 매장소인 말라에는 그 형님의 땅에 있었다. 그는 프랑스인을 찾아가 매장지로 가는 허락을 청했다. 새로운 소유자는 자기의 땅에 드나드는 것을 거절했고, 만일 힐로가 다시 농장을 찾아온다면 무서운 결과가 올 것이라 위협했다.

저주가 힐로의 귓가에서 울리고 있었으므로, 그는 심한 어지러움증을 느끼고 그곳을 떠났다. 힐로는 자기의 희망에 대한 프랑스인의 거부를 이해할 수가 없었다.

힐로는 프랑스인이 잠들어 있는 밤중에 매장소를 방문하기 시작했다. 망자의 친척이 그 무덤 둘레의 풀밭에 그 소유물―거울, 리본 등―을 두는 것은 고장의 관습이다.

힐로는 남의 눈을 피하면서 조상의 알라에를 방문했을 때, 언제나 영을 위해 무언가를 놓고 왔다.

프랑스인은 어느 날 알라에 둘레의 풀숲에 물건이 쌓여 있는 것을 알고 조사해 보기로 했다.

③어느날 밤, 그는 그 근처에서 숨어 기다렸다. 힐로가 나타났다. 성난 프랑스인은 힐로를 땅에 매부치고 온 농장안을 끌고다닌 끝에 늪의 얕은 곳에 집어 던졌다. 고통으로 거의 감각이 없어진 힐로는 간신히 늪에서 기어나와 집으로 갔다.

다음날 프랑스인은 힐로가 자기의 땅에 침입한 일에 화를 내고 묘지의 낡은 비석을 때려부수고 그것을 늪에 던져 버렸다. 그리고 프랑스인은 알라에를 흔적도 없이 파괴해 버렸다.

그로부터 닷새 동안, 힐로는 마을에서 모습을 감추었다. 행방 불명

이 되고서 3일째가 되자, 예의 프랑스인은 이상한 병에 걸렸다. 그는 배드 위에서 몸부림을 쳤고 입에서 거품을 뿜으며 까닭모를 헛소리를 했고 괴로움의 비명을 올렸다.

그는 타라바오 마을에 있는 프랑스인의 병원에 서둘러 입원했다. 그러나 그의 병 원인은 알수가 없었으며 이 프랑스인은 '귀신이 나를 괴롭힌다!'는 마지막 말을 남기고서 미쳐버렸고 끝내는 죽었다.

프랑스인이 죽고나서 힐로가 다시 타히티의 큰 길을 걷고 있음이 목격되었다.

저주·7
클렌게의 주술

아프리카의 기니아 북부에 있는 지방에선 매년 8월 8일의 오후 8시 가까이 되면, 8세의 여자아이를 가진 부모들은 아이를 데리고 도망치기에 바쁘다.

어린이의 영혼을 뺏는다고 일컬어지는 비밀교인 클렌게의 신자가 아이들을 납치하러 오기 때문이다. 납치된 어린이는 그들의 수호신 클렌게의 재물로 바쳐지는 것이다.

"모스를 빼앗길 정도라면 차라리 함께 죽는 편이 낫다"

코쿠세 마을에 사는 아콘다 부인은 장녀인 모스를 데리고 마을을 도망치려고 했다. 때마침 8시, 아는 이의 집에 숨어있는 것을 들키고 말았다.

　희고 빨간 복면을 하고서 목에 소녀의 해골을 매단 신자들, 부인의 팔에서 모스를 빼앗더니 도망친 벌로서 모녀가 함께 비밀의 의식 장소로 끌려 갔다.
　화톳불이 밝은 광장에서 모스는 석단에 올려졌고 영혼을 뽑는 주술이 가해져, 어머니의 눈앞에서 산 채로 심장이 도려내졌다.

저주·8 인도오의 주술

1 아마존 강 유역에 있는 인도오들은 어떠한 일이라도 부락의 주술사가 시키는대로 한다. 그들에게 있어 주술사는 태양처럼 없어서는 안되는 존재이다.

출산부터 사망까지, 그들은 모든 걸 주술사의 손을 거쳐야 하는 것이었다.

어느 부락, 어느 종족에도 주술사는 있지만 그 중에서도 많은 사람들에게 알려져 있는 것은 카오스 족의 주술사 페페디이다.

페페디는 아득한 옛날의 유명한 주술사 영이 빙의되고 있어, 어떠한 일이라도 주술에 의해 해결하고 있는 것이었다.

2 "페페디님, 제발 살려주세요."

다른 부락의 사람들도 죽어 가는 병자를 떠메고 오는 일도 있었다.

"그곳에 뉘이도록"

페페디는 병자를 나뭇잎을 깔은 땅바닥에 먼저 눕힌다.

그리고 아마존의 물에 페페디의 주력을 가한 것을 환자의 온몸에 뿌려준다.

부상자의 치료에는 페페디가 언제나 몸에 지니고 있는 다섯 늪의 고전(古錢)만으로 사용된다. 페페디는 주문을 외우면서 고전을 환부에 놓든가 그것으로 비빌 뿐인데 상처가 아물고 낫아버리는 것이다.

내장이 나쁜 자에겐 붉은 뱀의 주술이 사용된다. 그 붉은 뱀을 몸통 둘레가 5mm 남짓, 몸길이가 30cm 정도의 것이 아니면 안된다고 한다.

페페디는 병상에 따라 그 날고기를 먹이든가 구워 가루로 만든 것을 물과 함께 마시게 하든가 병에 따라선 산 뱀을 삼키게 하고, 페페디가 그 꼬리를 잡고서 입으로 넣었다 당겼다 하는 것이었다.

페페디의 주술법에 의해 낫지않는 사람은 없다는 이야기다.

저주·9 민지족의 주술

[1] 뉴기니아의 서부 고원에 사는 민지족은 괴상한 '독버섯 술법'을 매년 한번씩 하고 있다. 이 주술은 판다나스 야자의 새싹이 나고 '몽다'라는 독버섯이 출현했을 때 베풀어지는 것으로 이미 수십년 간이나 계속되고 있다.

민지족의 사람들은 야자의 새싹과 버섯을 함께 삶아 먹는 것인데, 이것을 먹은 자는 모두 '롱·롱'이라 불리는 아주 심한 흥분상태에 빠지게 된다.

이 버섯을 먹는 주술은 주술자의 명령으로 행해지는 셈인데, 흥분된 사내와 여자들은 상대를 가리지 않고 창이나 활을 갖고 덤벼들어 동족끼리의 전쟁을 시작하는 것이다. 수만 명의 민지족 사람이 거의 동시에 미쳐 날뛰는 것이라서 그 혼란과 아우성은 장관이다.

그런데 이상한 일로서 날카로운 무기를 갖고서 미쳐 날뛰건만 사상자가 발생하지 않는 것은 놀라움이고 주술의 신비스러움을 나타내고 있다. 주술사는 '전쟁도 주술의 하나이므로 사상자가 발생하지 않는 것이다'고 말한다.

2 멕시코의 오바하카주 우아우토라·태·히메네스 마을에 사는 여자 주술사 마리아·사비나도 독버섯을 사용하는 주술을 쓴다. 사비나는 그 독버섯을 '신의 고기'라고 부르지만, 이것을 먹으면 대개의 병이 낫고 소원도 모두 이루어진다.

이 신의 고기(독버섯)을 하나 먹으면 약 1시간 환각상태로 있을 수 있기 때문에 아메리카나 유럽의 히피족이 사비나의 곳을 찾아와 대혼란을 이루고 있다.

세계의 주술

지금도 시행되고 있는 주술들!

1 염력주술
육체도 파괴하는 염력의 위력!

왜, 어째서 주술이 걸리는가?

이는 많은 사람이 갖는 의문이고 또한 당연한 의문이라고 하잖을 수가 없으리라.

원시적인 것, 영력적(靈力的)인 것 등 갖가지의 원인이 있지만 그 중에서 가장 과학적 요소가 강한 것이 영능력의 하나인 사이코카이니시스 Psychokinesis(염력)에 의한 것이다.

여러가지 소도구가 사용되고 있지만, 그것은 의식 형식부터인 것으로서 그러한 의식이 없어도 술자에게 강한 염력만 있기만 하면 주력(呪力)을 걸 수가 있는 것이다.

염력의 정신 현상이야말로 주력의 기초이며, 염을 집중하여 하나의 것을 지긋이 염함으로써 상대를 괴롭히고 그 육체마저도 파괴할 수가 있는 것이다.

이런 현상은 초심과학에 의해서도 가능한 일로써 인정된다.

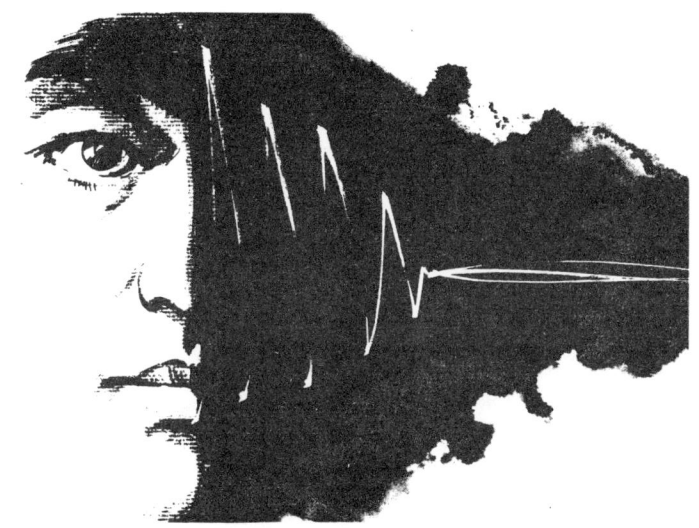

 염파가 강한 사람이 한곳에 염을 집중하여 에네르기를 하나의 것을 향해 방사할 때 그 염파는 가공할만큼 정신 현상을 일으키고 주력으로써 효험을 나타내는 것이다.
 내가 가진 8천 건에 이르는 주술의 데이타로 생각해도 염력에 의한 주술이 가장 효과가 있는 것 같다.

혈맹의 의식 (이탈리아)

〈어둠 속에서 동지가 될 사람의 열 손가락에 상처를 내고 스며 나오는 피를 테이블 위에 문질러 가며…〉

이것은 이탈리아의 밀라노에서 행해지고 있는 것으로서 '주술 혈맹의 의식'이다.

이는 주술을 쓰는 동지로써 형제 자매 이상의 강한 유대를 맺기 위한 것이며, 동지로써 무슨 일이고 숨기지 않고 말하며 서로 돕는 게 그들의 목적이기도 하다.

이 의식은 캄캄한 어둠 속에서 검은 테이블 위에 작은 램프를 놓았을 뿐인 검소한 것이지만, 정신을 통일하여 마음의 결합을 다짐하기에는 매우 뜻이 있었다.

의식은 동료가 될 사람의 열 손가락에 상처를 내고 스며나오는 피를 테이블 위에 비벼대고 평등하다는 표시로 삼는 것이다.

그들은 사람을 병들게 하든가 불행케 하든가 하는 주술을 주로 사용하고, 때로는 이혼이나 남녀의 사이를 갈라 놓는 주술도 행한다.

파뉴세의 주술 (네덜란드)

〈빨강과 초록의 털이 섞인 새의 깃털을 사용하여 남녀의 문제를 해결…〉

"그런 여성과는 갈라져요."

네덜란드의 라레그에 사는 주술사 파뉴세에게는 매일 인생 상담을 위해 찾아오는 사람이 많다.

파뉴세는 주술 의사임과 동시에 남녀의 분쟁을 해결하는데 주력(呪力)을 사용하는 걸로서 유명했다.

파뉴세는 남자가 가져온 여자의 사진에 하나의 나뭇잎을 잘게 찢어 붙인다.

그리고 빨강과 초록의 털이 섞인 새의 깃털로 사나이의 얼굴을 몇번이고 쓰다듬는다. 이 새의 깃털이 파뉴세의 비법인 것이다.

다음으로 여자의 사진을 집어들더니 파뉴세는 입안으로 주문을 웅얼거리면서 그 숨결을 불어댄다.

이윽고 파뉴세는 여자의 사진에 새의 깃털로 주문을 써넣고 발기발기 찢었다.

파뉴세는 새의 깃털로 다시 한번 사나이의 온몸을 주문을 외면서 쓰다듬었다.

"자, 이 새의 깃털을 세 번 핥는 것이다."

파뉴세는 사나이에게 깃털을 세번 핥게 하더니 깃털의 날카로운 부분으로 사진을 꿰뚫는다.

그리하여 10일째 남자가 감사의 인사를 왔었고 여자와는 깨끗이 갈라선 것을 파뉴세에게 보고했다.

라바소의 주술(태국)

〈검은 천에 싸인 으스스한 해골에 새끼손가락을 벤 피를 뿌리면서 주문을 왼다…〉

"이 여자를 저주해 주세요."

탐 부인은 남편을 죽이고 행방을 감춘 범인을 저주해 달라기 위해 팜파엘교의 교조 라바소를 찾아 갔다.

라바소는 부인의 소원을 잠자코 듣고 있었는데 이윽고 부인을 재촉하여 뒷뜰에 있는 주술 의식실로 들어 갔다.

담 안에는 무시무시한 몇 개의 상(像)이 안치돼 있었다. 정면의 재단에는 검은 천에 싸인 으스스한 감이 드는 해골이 놓여 있었다. 이 해골이야말로 이 밀교의 개조 팜파의 것으로서 그의 유언에 의해 저주를 걸 때에는 이 해골을 사용하기로 되어 있었다.

"오른손을 내놓으시오."

라바소는 부인의 오른손 새끼 손가락을 잡고 무언지 주문을 외우고 있었는데 이윽고 나이프를 가볍게 그었다.

뚝뚝 떨어지는 피, 라바소는 그 피를 해골에 떨어뜨렸다. 해골이 붉게 물들자 라바소는 해골을 쓰다듬으면서 부인에게 소원을 말하라고 일렀다.

라바소는 부인이 소원을 말하고 있는 동안 온몸을 떨어가면서 주문을 계속 외운다.

그리고서 3일후 저주의 마력에 의해 범인은 경찰에 자수를 해 왔다. 범인이 주술에 가해져 달아날 수가 없게 되어 자수했다고 자백한 것이다.

피의 주술 (이탈리아)

〈꾸득꾸득해진 흙인형의 온몸에 산 뱀의 머리를 잘라 피를 뚝뚝 떨어뜨린다…〉

"으윽! 으윽! 괴롭다!"

타뷰 청년은 끈끈한 비지땀을 흘려가며 베드에서 몸부림을 친다. 금새 청년의 얼굴, 가슴, 복부… 온몸 곳곳에 검붉은 멍이 무서울 만큼 나타나는게 아닌가! 달려온 의사도 원인을 도무지 몰랐고 어떠한 약을 주어도 주사를 놓아도 효험은 없었다. 이웃의 노인이 말했다.

"타뷰는 비밀교의 저주를 받고 있는 것이다. 이제 가망이 없어. 죽을테지!"

비밀교의 주술! 이것이야말로 이탈리아 밀라노 지방에서 옛날부터 전하는 무서운 필살의 주술인 것이다. 이 주술을 사용할 때에는 동물의 선혈로 반죽한 흙인형이 사용된다.

꼼꼼이 반죽하여 만들어 낸 인형이 아직 덜 마르고 겨우 꾸득꾸득해졌을 때 산 뱀의 머리를 자르고 뚝뚝 떨어지는 피를 흙인형의 온몸에 칠하는 것이다.

다음은 양의 뼈로 만든 나이프로 주문을 외워가며 흙인형의 온몸을 마구 찌르는 것이었다. 그러면 저주된 자의 온몸에 무시무시한 멍이 생기고 고통으로 몸부림치다가 죽고 만다.

타뷰는 누구에게 저주되었는지 모르는 채 노인의 말대로 원인불명의 신음을 하다가 닷새만에 죽고 말았다. 주술은 금지되고 있지만 현재도 1년에 몇 명인가는 타뷰처럼 죽고 있는 것이다.

[영력을 믿는 자에겐 100퍼센트의 효험!]

2 霊力呪術

주술이 갖는 이상한 ×의 힘이 무엇인지 온갖 추리가 가해지고 있지만, 결정적인 단서가 되는 것은 파악되지 않고 있다.

그 추리의 하나로 들고 있는 것이 심령력이다. 영혼을 사용하여 주술을 거는 셈인데, 이제까지는 '신통력'이라는 말로 간단히 처리되고 있었다.

그러나 초심리학의 면에서 생각한다면 이것은 분명히 영혼의 힘이고 이곳에 모은 주력은 영력을 사용하며 '악령'과 같은 영을 쫓는 말이다.

이런 영력에 의한 주술의 효험은, 영력을 믿는 자에게는 100퍼센트로 크지만 그것을 믿지 않는 자에겐 별로 효과가 없는 것으로 생각되고 있다. 그렇지만 이런 영력을 사용하는 주술은 현재도 많다.

그 형식, 방법 등이 신비적이기 때문에 이 주술을 좋아하는 사람이 많은 것 같다. 영혼 신앙과 같은 관계가 있는 것이다.

마오리족의 주술 (뉴질랜드)

[카리키아(주문)를 외우며 3펜스 은화로 환부를 마찰하고 그리고 그 3펜스를 강에 던져 악령을 쫓는다.]

뉴질랜드의 마오리족은 작은 촌락 공동체에서 생활하고 있으며 존경되는 직계 세습의 수장(首長)을 가진 약간의 그룹이 있다.

어떤 추운 겨울의 오후, 프렌티주의 뉴질랜드만의 우래웨라현 어떤 노 수장을 방문했다. 79세의 마오리족 타마라우는 정면의 의자에 앉아,

"타타이는 어디 있지?"

하고 물었다.

우리들은 통역을 위해 그를 방문할 때는 언제나 그의 손녀딸 타타이를 데리고 갔었던 것이다. 하지만 그때는 병으로 타타이가 동행하지 못했다.

우리들이 돌아오자 타타이는 아직도 불 앞에 앉아 등의 아픔을 참고 있었다.

"제가 병이 났다고 조부님에게 전해 주셨어요?"

"음, 상태는 어떤가?"

"등의 아픔은 전과 같고 걸을 수도 없어요."

타타이는 열도 없었지만 식욕의 감퇴도 없었다. 다만 등이 아플 뿐이었다. 차를 마시고 났을 때 그녀의 어머니가 와서 타타이를 만나게 해달라고 했다.

"3펜스 은화를 주시지 않겠어요."

타타이가 모습을 나타내며 말했다. 3펜스를 건네자 타타이는 나갔

다. 어머니가 돌아가자 타타이는 우리들의 곳에 돌아왔다. 그녀는 아직도 등허리의 아픔으로 절름거리고 있었다.

"하지만 곧 낫을 거예요. 저의 조부가 저를 위해 카라키아(주문)을 외우려 하고 있는 거지요. 그러니까 어머니가 3펜스 은화로 나를 비볐던 거지요. 조부님이 카라키아를 하면 아픔은 없어질 거예요. 그리고 할아버지는 이 3펜스를 강에 던져 악령을 쫓아버리는 거예요."

"언제 그는 카라키아를 하려는 거지?"

"오늘 밤이나 내일. 나는 언제 낫을지 알고 있지요."

그리하여 정확히 8시, 타타이는 허리를 쭉 폈다.

"나는 이제 좋아졌다. 할아버지가 저 카라키아를 했으니까."

타타이는 말했다. 그녀의 설명에 의하면, 그녀는 오빠가 2년 전에 죽은 집에서 최근 잔 일이 있었다.

"그 집은 크르스찬의 것입니다. 그 영은 제거되지 않았지요. 나는 그것을 잊고 있었던 거예요. 우리들 마오리의 신앙으로선 어떤 집에서 사람이 죽은 뒤에는 그 집이 깨끗이 예방되지 않으면 안되죠"

"그것은 어떻게 하는 겁니까?"

"축원을 하는 거지요. 카라키아를 외는 겁니다. 토푼가(사제)가 그것을 외우는 거예요."

"하지만 지금은 진짜 토푼가는 뉴지일랜드에 없지 않소?"

"오랜 마오리의 지식과 그들의 힘이 아직도 조금 노인에게 남아 있습니다. 이를테면 나의 조부같은 사람입니다."

"그러니까 그는 영력을 푸는 토푼가를 했다는 거요?"

"예, 할아버지는 주문의 몇가지를 알고 있지요."

마오리의 신앙으로선 누군지 죽은 장소는 자동적으로 부정해지고, 이것은 주문에 의해 가셔지지 않으면 안된다. 타타이는 이것을 알고 있었던 것이다. '마오리의 병'이라고 불리는 것은 육체적인 병과는 구별되어야 하는 것이었다.

타마상족의 주술 (인도)

[목을 자른 닭의 몸통을 하늘 높이 던져올리고 전생을 점치는 타마상족의 의식…]

중국과의 국경 가까이 사는 인도 티라프 지구의 타마상족은 인구 약 1만 명밖에 되지 않는 소수민족이다.

그들은 25 가족이 한 단위가 되어 마을을 구성하여 살고 있지만, 각 마을은 200미터도 떨어지지 않은 곳에 있다.

이 타마상족은 색다른 주술 의식을 갖고 있다.

그 하나는 그들이 타 부족과 싸울 때의 것이다. 먼저 닭을 주술의 신에 바치며 축원한다. 그리고 저주가 가해진 닭의 모가지를 자른다. 그 뒤 주술사가 주문을 외면서 닭을 하늘 높이 던져 올린다.

그리하여 닭의 몸통 목부분이 적의 마을쪽을 향해 떨어지면 곧 싸움을 시작하지만, 만일 자기편 쪽을 향하여 떨어지면 전쟁을 중지하는 것이다. 또 한가지는 영을 깨끗이 하는 것이다.

부락 사람이 만일 강에 떨어져 익사하면 그 시체에 붙은 악령을 제거하기 위한 주술을 한다. 익사자가 생기면 먼저 그 시체를 흙속에 파묻는다. 그리고 그 위로 불이 피워지는 것이다.

그리하여 밤이 되면 파낸 송장의 팔다리를 통나무에 묶어 숲속으로 가져 간다.

"악마여, 가버려라!"

주술사의 주문이 끝난 다음 시체는 큰 나무의 줄기에 결박된다.

그리고 먼저 주문이 외워지면서 양손에 못을 박는다. 다음에 양발등에도 못질이 된다. 이상한 소리와 함께 시체는 큰 나무에 완전히 못질되고 만다. 그리하여 드디어 최후의 결정적 조치가 강구된다. 그것은 먼저 오른 눈에 이어 왼 눈에 대못을 박는 것이었다.

이것으로 악령을 완전히 봉하는 주술이 끝난다.

반자가라의 주술(라오스)

[주문을 쓴 종이의 재를 물에 풀고 죽은 사람을 소생시키는 주술요법]

라오스에서 가장 유명한 주술사는 뭐니뭐니 해도 판라가에 사는 반자가라이다.

그는 선대의 라오스 국왕에게 음모를 꾸민 일당을 그 주술에 의해 일망타진한 일이 있고, 왕실의 일원으로서 죽은 사람을 소생시킨 일도 있다. 그때문에 지금도 왕실을 비롯하여 유명한 사람들로부터 신임받고 있는 것이다.

반자가라는 주술사 중에선 톱 클라스의 사람인데 조금도 뽑내는 일이 없고 아무리 가난한 사람이 부탁해도 치료를 맡아주므로 신처럼 숭배된다.

반자가라는 조상 대대로의 주술사이지만 조부는 아프리카인의 유명한 주술사의 제자가 되어 주술요법을 배웠던 것이다.

반자가라의 주술요법은 백지에 주문을 써서 사용하는 것과 병자의 몸에 직접 주문을 그리는 것의 두가지이다.

반자가라의 망자를 소생시키는 방법도 색다르다.

"부디 살려 주십시요."

망자의 가족이 부탁하면 반자가라는 그것이 사후 2시간 이내라면 주문을 외우면서 깨끗한 백지를 불태우고 그것을 재로 만들어 물에 풀고 그 물에 죽은 사람의 손을 담그게 하는 것이다.

그러면 물빛이 변하기 시작하며 소생의 가망이 있는 사람은 물이 핑크색으로 바뀐다.

가벼운 병으로 죽은 사람은 주문을 봉합한 백지에 소생시키는 주문을 다시 쓰고 태운 종이를 물에 풀어 온몸에 바르는 것이다.
 수술을 받은 듯한 중병으로 죽은 사람은 축원을 하면서 망자의 온몸에 먹으로 주문을 쓰고 이틀 밤낮 같은 것을 되풀이 하는 것인데 반자가라의 이 방법으로 소생하지 않은 사람은 적었다고 일컬어진다.

해신(海神)의 주술(브라질)

[주문을 쓴 종이 위에 바닷물을 끼얹고 해신의 검으로 악마를 쫓아버린다]

　브라질의 북부 일대에선 해신의 힘을 빌려 인간의 몸에 붙은 악마를 쫓는 주술이 행해진다.
　이것은 해신을 믿고 있는 사람들의 의식으로서 악마에 사로잡히고 불행해지거나 병이 든 사람들을 바닷물에 목욕시켜 그 사람의 운명을 바꾸기 위해 하는 것이다.
　이 주술은 한밤중 해안에서 해신을 부르는 배를 떠내려 보내는 것에서부터 시작하여 신자들은 허리까지 물에 잠기면서 주문을 열심히 외운다.
　그것이 끝나면 악마에 사로잡힌 사람들을 모래밭에 뉘이고 우선 주문을 외우고 다시 주문을 쓴 종이 위에 바닷물을 끼얹으며 해신의 검으로 악마를 쫓아버리는 것이었다.

악마의 입신식(入信式)(영국)

[입신자의 손가락에 나이프로 상처를 내고 뚝뚝 떨어지는
붉은 피가 은컵에…]

인간의 참된 행복은 악마의 제자가 되고 몸도 마음도 악마에 바치며, 그 주력(呪力)을 몸에 지니는 거라고 생각하는 사람의 주술이 영국의 런던에서 행해지고 있다.

입신자는 먼저 알콜로 온몸을 깨끗이 닦아내고 마녀로부터 악마의 물을 머리부터 뿌려달라 하고서 키스의 세례를 받는다.

다음엔 입신자의 손가락에 나이프로 상처를 내고 뚝뚝 떨어지는 빨간 피가 은컵에 모아진다.

그리고 이 은컵을 입신자가 두 손으로 받들면, 마녀가 주문을 외우면서 입신자의 손가락을 벤 나이프를 은컵에 거꾸로 꽂으면서 의식은 끝난다.

그리고 입신의 맹세가 있고 성대한 파티가 열리며 주력이 몸에 붙었나의 테스트를 한다.

악마와의 결혼식 (영국)

[흑망토를 입은 주술의 마신에 의해 캄캄한 어둠 속에서 으스스한 분위기에 싸여 올려지는…]

이것은 영국의 배드포드에서 비밀히 행해지는 악마와의 결혼의식이다.

인간에게 있어 악마와의 결혼은 최고의 행복이라 생각하고, 자유자재로 주술을 사용하는 것을 생각하는 사람들의 의식이다.

캄캄한 어둠 속에서 으스스한 분위기에 싸여 행해지는 그 의식은 흑망토를 입은 주술의 마신에 의해 진행된다.

결혼을 희망하는 사람은 먼저 널 위에 올려지고 동물의 생피가 온몸에 뿌려진다.

무시무시한 마신의 목소리가 들리며 사람들에게 결혼하면 지켜야 할 주술이 가르쳐진다. 그리하여 결혼 증명으로써 남녀에게 불행을 가져오는 주술을 쓰고 그 주술이 걸렸는지 어떤지 확인된다.

그들은 주로 여성이 좋아하는 남성을 얻기 위해 또 싫은 사내와 인연을 끊는 주술로써 이것을 사용한다.

악마 퇴치의 주술(브라질)

[이마를 바위에 부딪쳐 피를 흘리고 함께 악령의 정체를 씻어
버리는 여성들…]

브라질의 팔라 지방에선 악령이 씌워진 여성으로부터 그것을 쫓아내는 주술이 성행되고 있다.

악령이 붙은 여성은 거짓말을 하든가 나쁜짓을 하든가 사회에 있어 해로운 존재이므로 그러한 여성을 구원하려는 게 이 주술의 목적이다.

주술은 암벽 지대에서 올려지고 주술을 받은 여성들은 바위 위에 엎드려 이마를 비벼대고, 리더의 신호로 이마에 피가 나기까지 바위에 부딪히는 것이다.

이마에선 피가 흐른다. 즉 악령의 정체가 흘러나오는 것이다. 그런 뒤 여성들은 온몸에 주문을 쓰게 하고 차가운 연못에 몸을 담그어 몸을 깨끗이 하는 것으로 주술은 끝난다.

이런 주술에 의해 개심한 여성은 사회에 있어 유익한 사람으로 바뀐다고 한다.

타무이족의 주술 (스마트라)

[목각 인형에 죽은 사람의 눈을 봉입하고 그 인형을 태우면서
송장의 살을 개가 뜯어먹는다…]

중부 스마트라의 렝가드 동부에 사는 타무이족은 공포에 넘친 주술 의식을 지금껏 행한다.

타무이족은 사람이 죽으면 그 몸에 악령이 붙는다고 믿고 있으며 만일 시체에 악령이 붙게 되면 나쁜 병이 유행한다고 옛날부터 믿고 있는 것이다.

그들은 사람이 죽으면 그 사람과 꼭 닮은 목각 인형을 만들고 온 몸에 주문을 새긴다. 그리고 죽은 사람의 눈을 도려내어 그 인형에 봉입한다.

그런후 인형을 불태우면서 송장을 개에게 뜯어먹도록 한다. 그들은 개가 수호신의 사자라고 믿고 있는 것이다.

개가 송장의 살을 모두 먹고나기까지 부족의 사람들은 축원하면서 그것을 지켜 보는 것이다.

주술을 선용하고 '암시성'에 의해 사람의 마음을 구제한다

3 原始呪術

　주술 그 자체를 '원시적' '현대적'으로 구별하는 것 자체가 우스울지 모르지만 굳이 그렇게 구분해 보았다.
　즉 주술 그 자체를 '극비'의 것이고 '악마'니 '마신'이니 하여 신봉하는 일부터 시작되는 모양이다.
　주술의 고대의 것이라 생각하고 민족학적으로 종교적으로 음양도적으로 연구하는 사람도 있지만 고대부터 주술을 사용하고자 하는 사람들은 모두 그 신봉자가 됨으로서 그것이 허용되었던 것 같다. 이를테면 종교적인 것이 짙고 그 대부분이 선용되고 있으며, 사람의 마음을 돕는다는 '암시성'의 것이 대부분이다.
　여기에 쓴 모든 것은 그와 같은 내용의 주술 이야기다.
　종교적인 주술은 주력 그것보다도 그것이 주는 심리적 암시적인 것이 대부분이고, 병의 치료 하나를 보아도 그 효험에는 의문이 있다.

 그러나 본인이 낫았다는 심정을 가질 수 있다면 병은 마음부터라는 말처럼 그런 주술의 역할은 충분히 있었다고 하리라.
 그것이 주술의 시작이 아니었을까?

마녀에의 입신식 (영국)

[온몸이 가느다란 로프로 묶이고 냉수가 끼얹어지며 채찍으로 맞는 괴로움을 견뎌낸 사람만이 입신이 허락된다]

이것은 영국에 있는 마녀 조직에 들어가기 위한 입신 의식이다.

영국의 젊은이 사이에선 마녀가 되는 일이 유행되고 있으며, 마녀가 됨으로서 세상을 좋게 할 수가 있다고 믿는다.

그런 생각이 퍼져 있기 때문에 마녀가 되기 위한 입신식이 올려지는 셈인데, 어느 것이나 모두 극비리에 올려진다.

입신자는 태어날 때의 모습으로써 알몸이 되고 게다가 눈은 가려져 식장 안을 일순한다.

그리고 온몸은 가는 로프로 결박되고 찬물이 끼얹어져 채찍을 맞게 되는 것인데, 그런 괴로움에 견뎌낸 사람만이 입신이 허락된다.

다음에 입신자는 마녀로써 필요한 주술을 배우고 일등의 성공을 거두게 된다.

멘바족의 주술(티벳)

[은과 뼈로 만들어진 나이프를 사용하여 입신자의 오른팔
피부를 폭 10cm, 길이 15cm 쯤 벗겨낸다]

티벳의 카이라스 산 주변에 사는 멘바족이 행하는 비밀 주술은 매우 잔혹하다. 그들이 신봉하는 수호신에 입신할 때에 행해지는 이 주술을 받지 않는다면 성인으로서 인정받지 못하는 것이다.

이런 주술이 언제 쯤부터 시작되었는지 전혀 불명이지만, 전해진 문헌에 의하면 1천 년 이상이나 옛날부터 행해졌다.

산의 중턱을 뚫어 만들어진 비밀의 의식 장소가 있다. 여기엔 신자로서 고인이 된 사람의 뼈로 만든 '뼈의 숟갈' '뼈 젓가락' '두개골의 대접' 등이 가득 숨겨져 있다.

두개골의 대접에는 옻칠이 되어 있고 광택이 있는 보석이 아로새겨져 있어 아름다웠고 사람뼈의 무서움은 없었다.

입신자의 의식은 몇 명의 입회아래 올려지며 주술사가 그 중심이 된다.

의식은 먼저 입신의 맹세부터 시작된다. 입신자는 일체의 비밀을 지키고 수호신에게 자기의 모든 것을 바친다고 맹세한다.

이런 뒤 가죽 벗기기의 의식이 있다. 주술사는 주문을 외면서 은과 뼈로 만든 나이프를 사용하여 입신자의 오른팔 피부를 폭 10cm, 길이 15cm쯤 벗겨낸다. 마취도 아무것도 없기 때문에 그 아픔에 입신자는 기절할 정도이다.

피부를 벗겨낸 뒤에는 주문을 쓴 종이가 붙여진다. 그리고 벗겨낸 살갗은 깨끗이 펴지고 그곳에 수호신의 주문이 그림글씨로 써넣어

져 그들을 지키는 부적이 만들어진다.

  이 부적을 셋으로 잘려서 하나는 본인이, 하나는 주술사가, 또하나는 수호신의 신체(神體)에 바쳐져 그 사람의 일생을 지키고 무슨 일이 생겼을 때 부적의 주문을 외우면 영험이 놀라와 위대한 힘을 발휘한다고 한다.

베르당교의 주술(수단)

[사람뼈로 만든 저주의 염주가 던져지면 절대적, 그 일가족 전원이 교도가 되어야 한다…]

　수단 남부의 홀리크너 지방에서 일가족 전원이 목없는 시체로 길가에 버려져 있는 끔찍한 사건이 발생했고, 온 마을이 떨었다.
　목은 갓 잘렸던 모양으로 피가 콸콸 넘쳐 흘렀고 그 몸통은 아직도 따뜻했다.
　누가 이런 끔찍한 짓을 했을까?
　그러나 마을 사람들은 모두 그 범인을 알고 있었다.
　그것은 틀림없이 이 지방에서 2백 년 이상이나 옛날부터 전해지는 베르당 비밀교의 신자들의 짓이었다.
　베르당 비밀교의 신자는 달없는 밤에 전부터 눈독을 들인 집에 바람처럼 나타나 사람뼈로 만든 저주의 염주를 던지고 사라진다.
　이 주문이 새겨진 기분나쁜 염주가 던져 넣어졌다면 일은 끝장이고, 그 일가족 전원이 신도가 되어야 한다.
　만일 그것을 거부하면 일가족 전원의 목이 잘리고 머리를 가지고 가며 두개골을 조각조각으로 부수어서 그들이 사용하는 염주가 되는 것이다.
　이번의 사건은 용감하게도 입신을 거부한 일가족이 몰살되고 만 것이었다.
　또한 베르당 교도엔 비밀의 주술이 있고, 그 비밀을 어긴 자가 있다면 그 일가족은 목이 잘리게 되어 있다.

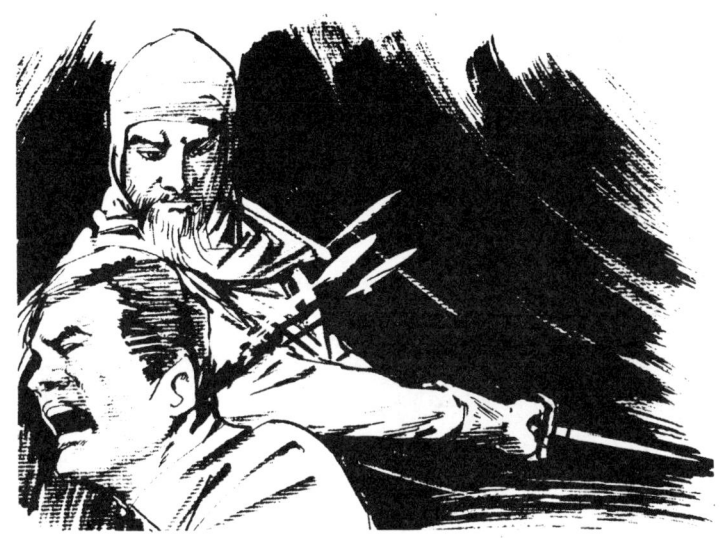

흑도교(黑道教)의 주술(중국)

[배신한 사나이에 대한 증오를 모아 푹 푹 바늘로 찔러가며 열심히 축원한다…]

중국 운남성 유청 마을에 사는 이씨 집에 검은 종이에 싸인 검은 머리칼 네개가 던져졌다.

"흑도교이다! 이것이 던져지면 마지막, 너도 나도 흑도교도가 되잖으면 죽음을 당하고 집도 불질러진다!"

이일성(李一誠)은 새파랗게 질리고 말았다.

하지만 갓 스무 살이 된 딸 방미는 속으로 기뻐하고 있었다.

"이것으로 그 사내에게 복수할 수 있다. 나를 배신하고 다른 여자와 친해지고만 미운 사내를 저주해서 죽이고 말테다."

하며 마음 속으로 빨간 혀를 내밀었다.

흑도교의 주술은 3백년 전부터 전하는 여자를 위한 주술인 것이다. 즉 흑도교에선 사내에게 배신되어 울고 있는 여자 신도를 위해 남자를 저주하는 비술을 쓰고 있는 것이다.

방미는 이튿날 밤 아버지가 잠들기를 기다려 옆마을에 노파에게서 들은 일이 있는 주술을 쓰기로 했다.

우선 던져 넣어진 검은 머리카락 하나를 꺼내어 자기의 머리칼 네개를 뽑아, 자기의 저주를 염하면서 꼬았다. 그것을 이번엔 바늘로 푹푹 찔러가며 배신한 사나이에의 증오를 염하고 열심히 흑도교의 교조에 대해 축원을 드렸다.

축원한 뒤 그 네 올의 머리칼을 이번엔 반쯤 불에 태우고 그 재를 살며시 사내 집의 우물속에 던져넣는 것이었다.

그녀는 다음날 밤도, 그 다음날의 밤도 같은 짓을 되풀이 했다.
주술의 위력은 엄청난 것으로서 10일째인 아침 사나이는 고열이 나며 쓰러졌고 두 달 뒤에는 죽어버렸다.

죽음의 저주 마쿰바 (브라질)

[붉은 불길과도 같은 혀를 날름거리는 독사에 피로 더럽혀진 사진을 물리고 주문을…]

마쿰바, 이것은 브라질에서 가장 무서워하는 밀교 주술이다.

이것은 아프리카로부터 흑인이 노예로써 끌려왔을 때 가져온 거라고 한다. 그리하여 노예를 말이나 소처럼 부리는 백인을 은밀히 저주하기 위해 사용되었다.

하나 지금에는 마쿤벨로라는 직업적 주술사까지 생겨났으며 부탁하면 상대를 가리지 않고 저주한다는 무서운 것으로 바뀌었다.

"이 사내를 저주하여 죽여달라."

지르배는 그를 배신하여 재산을 가로챈 사나이, 와크를 저주해 달라고 마쿤벨로에게 부탁했다.

와크를 저주하는 의식이 리오데자네이로의 비밀 교회 지하실에서 베풀어졌다.

빨강과 검정의 굵은 촛불이 저주의 신 테마다의 상을 비추는 재단 앞에서 새끼 양과 닭의 목이 잘렸다.

끈적끈적한 생피와 강한 자극성의 향기가 섞여 물씬한 냄새가 풍기는 방안에서 지르배가 원한을 품고 와크의 사진에 피를 쏟았고, 그것을 바늘로 마구 찔렀다.

마쿤벨로는 피로 더럽혀진 사진을 병속에서 목을 내밀고 붉은 불길과 같은 혀를 날름거리는 독사에게 물리더니 주문을 외웠다.

그리고서 며칠 뒤 와크는 원인 불명의 괴병에 걸리고 무서운 주술 때문에 죽고 말았다.

마법 의사의 주술(브라질)

[브라질의 토박이 술, 핑거를 마시고 시가아를 피우면서 병을 고친다…]

브라질엔 심령 치료를 비롯하여 영적인 능력자며 주술사도 많이 있고 일반 사람들도 그것을 굳게 믿는다.

그런 가운데 사람들로부터 주술사니 마법의 의사니 하며 불리는 능력자가 있다. 그것은 리오데자네이로 교외에 사는 이스터세븐이라 불리는 여성인데, 그 능력이 비상하여 매일 수백 명의 사람들이 몰려 온다.

그녀가 이와같은 주력을 갖게 된 것은 수년 전부터로서, 어느날 갑자기 꿈속에서 계시를 받고 그 힘을 쓰게 된 것이었다.

이스터 세븐이 그 능력을 사용할 때에는 핑거라는 무시무시하게 독한 브라질의 토박이 술을 마시고 시가아를 피워가면서 주문을 외우기만 하면 된다.

그녀의 주술은 어떤 병이라도 고친다도 하며 의사가 절망이라고 선언한 수십 명의 환자가 그녀의 주술에 의해 기적적으로 치료되었다.

폐결핵이 악화되어 의사가 고칠 수 없다는 환자가 찾아왔다. 흰장갑을 낀 이스터 세븐은 환자의 가슴을 조용히 쓰다듬고 주문을 외면서 핑거를 입에 품더니 환자의 환부에 뿜었다.

같은 동작이 몇 번 반복되자 이번에는 시가아의 연기를 주문의 문자를 쓰듯이 뿜어댄다.

이스터 세븐의 방식은 어떠한 병의 경우라도 거의 같지만, 이것으로 거의 낫아버리는 것이었다.
 그녀는 감기라든가 허리나 무릎의 신경통 환자는 수십명을 한꺼번에 집단 치료를 하고 그것을 고쳐 준다.
 그대신 그녀 자신도 그 주술에 연마를 가하는 훈련을 매일 쉬지 않고 계속한다.

주술 의술(중국)

[숯을 가루로 만들어 그대로 상처에 뿌리든가 술로 개어 상처에 메우든가 하며 주문을 외운다…]

중국에는 한방이라는 오랜 전통을 가진 의학이 있지만, 이것과 전혀 다른 주술에 의한 의술을 쓰는 사람이 있다.

그 사람은 동북 지방의 사평가시의 변두리에 사는 유도란 사람인데 외과, 내과의 병자를 주문을 베푼 숯만으로 치료하고 고친다.

이 주술 의법은 만주족에 옛날부터 전하는 것으로서 옛날엔 성행되었지만 50년 전 쯤부터는 거의 모습을 감추고 있었다. 그러나 유도의 집에는 이 비전이 전해져 있었는데 그는 스스로 그것을 배웠던 것이었다.

아마도 그 주술 의법을 사용하는 것은 유도 단 한사람 뿐이리라. 사용하는 목탄(숯)에 효험이 있는가 여부는 염력이 충분하게 가해져 있느냐에 달렸다고 한다.

예를 들어 외상의 환자가 왔다고 하자. 유도는 참나무로 구워낸 숯을 사용한다. 먼저 상처 부분을 맑은 물로 깨끗이 씻어낸다. 그리고 수분을 말끔히 닦아낸다.

그런 다음 숯을 빻아 가루로 만들고 큰 상처일 경우는 술로서 그것을 개고 상처에 봉을 박는다. 작은 상처일 때에는 가루인 채 뿌린다.

상처를 중심으로 그 주위를 숯가루로 칠해버리고 헝겊으로 단단히 감는 것이다.

내장에 병이 있는 경우는 자작나무나 소나무의 숯이 사용된다.

이 숯에 모아지는 염력은 또 다르다고 한다.

  유도는 그 병세에 따라 쓰는 숯이나 복용량을 바꾼다. 병상에 따라 다르지만 작게 자른 숯조각을 아작아작 깨물어 먹게 하고 그것을 흘려넣는 수단으로서 냉수 또는 술의 사용을 허락하고 있지만, 숯을 침만으로 삼키는게 가장 효과가 있다고 한다.

  이 요법만을 보면 아무런 이상할 게 없지만 병원에서 죽음을 선고받은 환자가 많이 치유되고 있으며, 스스로 숯을 구워내기까지 유도는 한잠도 자지않고 주문을 외면서 그 염력을 함께 굽고 있으며, 한번 구우면 상당한 체중의 감소가 있다는 것으로 주술 의사의 능력이 없다면 불가능한 일이다.

물르쿠쯔의 주술(가나)

[나무의 정령을 부르고 그 힘을 사용하여 상대를 병자로 만들던가 병을 고치던가 한다…]

"물르쿠쯔님 살려주세요."
가나의 토르미태 지방에 사는 주술사 물르쿠쯔에는 매일 많은 사람이 모여들고 그 힘을 빌리려고 한다.
물르쿠쯔는 조부 대부터의 주술사로서 나무의 정령 힘을 빌려 상대를 병자로 만들든가 고치든가 하는 능력을 가졌다.
물르쿠쯔에겐 나무의 정령을 부르고 그 힘을 사용하여 주술을 거는 능력이 있는 셈인데, 이미 30년 가까이 그 힘을 사용하는 것이다. 특히 상대를 병자로 만드는 주술은 백발백중이다.
"어디, 서 보라구요."
물르쿠쯔는 병자를 서게 하더니 그 온몸을 나뭇잎으로 쓰다듬고 어디가 아픈지 찾아낸다.
"심장이 나쁘군."
물르쿠쯔는 나뭇잎에서 전해지는 영기에 의해 그 병을 발견하는 것이다.
"지금, 약을 줄테니까 매일 먹으면 된다. 반드시 낫는다."
물르쿠쯔는 큰 항아리 30개에 갖가지의 나무 진을 채취해 두고, 그 병상에 따라 그런 나무 진을 조제하여 병자에게 주는 것이었다. 효험은 놀랍다.
"부탁합니다."
비쩍 마르고 금방이라도 쓰러질 것만 같은 여성이 왔다.

(이것을 고칠 수 있을지 모르겠는걸)

물르쿠쯔는 그 병자를 보기만 하고서 신음했다. 그가 이런 태도를 취하는 일은 좀처럼 없었다.

"너는 카루무트(암이란 뜻)에 걸려 있는 거다. 나의 주술로선 고치지 못할지도 모른다."

물르쿠쯔는 집 뒷뜰에 있는 큰 나무에 가더니 오랫동안 주문을 외우고 그 나무에 괴어있는 나무 진을 채취하더니 병자의 입에 흘려 넣었다.

그것과 함께 그는 약 10일간 모든 주술을 중단하고 그 여성을 위해 주문을 외웠다. 한달 뒤 그 여성은 몰라 볼 만큼 원기를 되찾았다.

숙명을 바꾸는 염력주술 개발법

　인간에겐 'X'의 힘이 숨겨져 있다. 그 정체가 무엇인지는 아직 심령과학으로서도 해명하지 못한다.
　사람들에겐 트레이닝을 함으로써 개발 가능한 초능력이 숨겨져 있다.
　여기선 심령력(心靈力)이라는 영작용을 받음으로써 활동하는 'X'의 힘 트레이닝법을 다루기로 하겠다.
　그것은 주술을 사용함에 있어서도 또 당신 자신이 간직한 'X'의 힘을 갖고 다른 능력을 사용하든 그것에 필요한 능력의 소질을 발견하며 개발해야 한다.

주술 소질 테스트

 이것은 당신에게 심령력의 소질이 있는가 어떤가를 초보적으로 조사하는 테스트이다. 문제를 읽었다면 인스피레이션(영감)으로 대답해 O표를 해주기 바란다.

① 당신은 이 세상에 영혼이 있다고 생각합니까?
   (가)예 (나) 모른다 (다) 없다.
② 당신은 심령의 힘이 절대적인 강한 힘이라고 생각합니까?
   (가)예 (나) 모른다 (다) 아니오
③ 당신은 귀신, 유령 등 영혼을 본 일이 있습니까?
   (가)예 (나) 모른다 (다) 아니오
④ 당신은 죽은 사람을 꿈에서 본 적이 있습니까?
   (가)예 (나) 모른다 (다) 아니오
⑤ 당신은 꿈에서 본 불행한 일이 실제로 생긴 체험이 있습니까?
   (가)예 (나) 모른다 (다) 아니오
⑥ 당신은 사람이 죽어서 전생(轉生)한다고 믿습니까?
   (가)예 (나) 모른다 (다) 아니오
⑦ 당신은 자기 자신이 단시간 내에 무념무상의 상태가 될 수 있습니까?
   (가)예 (나) 모른다 (다) 아니오
⑧ 당신은 괴로울 때, 곤란할 때 신이나 부처에게 비는 일이 있습니

까?
(가)예　(나) 모른다　(다) 아니오
⑨ 당신은 절같은 곳에서 몸이 거뜬해진 적이 있습니까?
(가)예　(나) 모른다　(다) 아니오
⑩ 당신은 전혀 무의식인 상태인 때 무언가를 쓴 일이 있습니까?
(가)예　(나) 모른다　(다) 아니오

△채점 방법
　　(가) 10점 (나) 5점 (다) 0점
　　70점 이상 소질이 있다.
　　40점 이상 가망이 있다.
　　35점 이상 요훈련

당신의 테스트 결과는 어떠했습니까? 35점 이상 받은 사람은 다음에 소개하는 트레이닝법을 꼭 해보세요.

기본 트레이닝

 영성(靈性)이란 당신이 심령학을 개발하기 위해 꼭 필요한 것이고, 이것이 훌륭한가에 따라 당신에게 영력이 작용될 수 있는가 여부가 결정된다. 그러자면 다음과 같은 트레이닝을 하면 좋다.

 ① 가장 이상적인 것은 폭포수를 맞는 일이다. 그러나 이것은 폭포가 있는 장소까지 가야만 하고 수량(水量), 수압(水壓) 등에 의해 누구라도 할 수 있는 것은 아니므로 올바른 지도를 받아야 한다. 따라서 별로 일반적이라고 할 수는 없다.
 ② 폭포수에 대신하는 것으로서 목욕탕을 이용하면 좋다. 욕실에서 매일 몇 번이고 물을 머리부터 뒤집어 쓰는 것이다.
 ③ 물을 뒤집어 쓴 순간 섬칫하여 정신이 긴장되며 몸도 마음도 상쾌해진다. 심신이 깨끗해지고 정신이 맑아지는 것은 영성(靈性)을 강화하는 것이 된다.
 ④ 처음에는 세 통까지 아무것도 생각지 않고서 뒤집어 쓰고 네번째부터는 '수호령님, 저에게 염력을 베풀어 주십시오'라고 염하면서 열 번 내지 열다섯 번의 물을 뒤집어 쓸 것.

 주의 : 이 트레이닝에서 주의할 것은 물을 뒤집어 쓸 때 무념무상의 상태가 되어야 한다는 점과 신체가 약한 사람, 병든 사람은 절대로 하지 말아야 한다.

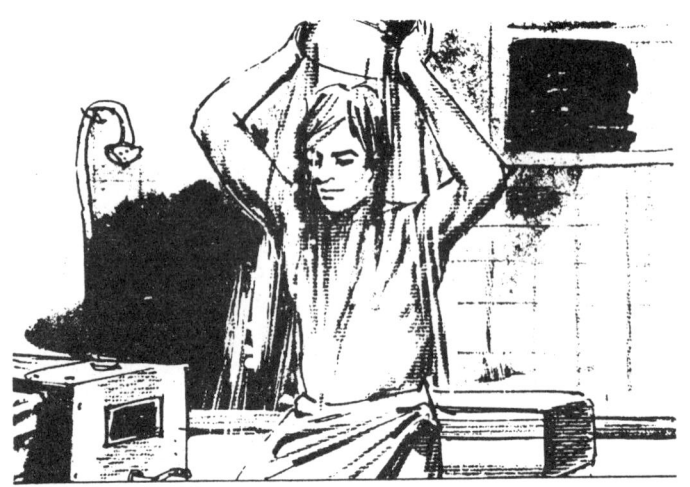

반야심경법

 당신이 신앙을 갖고 있는지 없는지를 둘째로 하고서 이 방법을 전하고 싶다. 특히 반야심경법은 종교적인 해석을 할 필요없이 해주었으면 하는 방법이다.

 ① 먼저 당신은 정신 집중의 트레이닝 부터 시작해 주기 바란다. 심령력의 트레이닝에 있어 정신 집중은 절대 불가결의 것이고 정신의 집중, 그리고 정신의 통일을 하지 않으면 심령력 개발은 불가능하다.
 ② 정신 집중의 트레이닝 방법은 당신 자신이 가장 정신 집중을 하기 쉬운 방법을 택하면 된다. 예를 들어 촛불을 응시하고 그 외륜(外輪)·중륜(中輪)·내륜(內輪)이 완전히 일체화 된 것으로써 보이게 되는 따위.
 ③ 우선 반야심경을 읽는 일부터 시작하자.
 당신은 반야심경을 아침에 일어나자마자 세 번 외우는 일부터 시작하는게 좋다. 이 때는 반야심경을 쓴 경문을 낭독하는 형식이라도 좋다.
 그런 낭독이 거듭됨에 따라 당신은 심령적인 집중력이 몸에 배게 되리라.
 ④ 다음엔 반야심경의 사경(寫經 : 옮겨쓰기)에 들어가자. 사경에 사용하는 용지는 한지가 좋다.
 사경 방법에 관해서는 붓글씨로 정성껏 쓸 것.
 사경은 하루 1번으로 충분하다고 생각한다. 오늘 당신이 사경할

때 얼마나 깊은 무념무상의 상태가 될 수 있는가에 달려 있다. 사경 중 당신은 잡념을 물리치고 한 자 한 자에 온몸, 온 정신을 기울여 써나간다면 필연적으로 당신의 속에서 잠자는 'x'의 힘 심령력이 개발되리라.

⑤ 또 한가지는 반야심경의 암송이다. 제1단계는 경문을 손에 잡고서 읽는 일부터, 다음엔 사경에 들어가고, 그리하여 암기한 반야심경을 뚜렷이 정확하게 하루에 몇 번 암송하는 것이다.

말할 것도 없지만 심경의 암송에 있어서는 마음을 엄숙히, 유행가의 일절을 읽는 듯한 태도가 아닌 진지한 마음으로 암송해야 한다.

그 경문이 갖는 말의 의미를 음미하면서 암송할 것.

당신은 이 반야심경의 암송에 있어 목표를 세워야 한다. 그러니까 하루 몇 번 외고 그것을 한 달, 석 달, 반 년, 1년의 긴 기간을 목표로 하여 암송하는 횟수를 정해야 한다.

반야심경의 암송에 의해 일본에서도 손꼽는 심령력을 개발한 사람이 있다. 그 사람의 암송 목표는 백만 번이었다.

영광압법(靈光壓法)

 이 방법은 사물엔 모두 맥이 있는 것과 마찬가지로 인간에게도 영(靈)의 맥이 있다. 그리하여 이것은 최고의 심령력이라 할 수 있는 것이다. 이런 방법으로 당신 자신의 심령력을 트레이닝하는 일은 당신을 한사람의 심령력자로서 키우게 되므로 끈기있게 반복하며 트레이닝을 해주기 바란다.
 ① 우선 당신은 눈을 감고 마음을 안정시켜 잡념을 없애고 깊은 정신집중을 해야 한다.
 ② 정신 집중이 되었다면 눈을 뜨고 남자는 왼손을, 여자는 오른손을 자기의 가슴 언저리에 가져 오고 손등을 아래로 하여 조용히 멈춘다.
 ③ 숨을 크게 마시고 가늘고 조용히 내쉰다. 다음엔 가늘고 조용히 숨을 한껏 들이마신다. 그리하여 들이마신 숨을 배꼽아래 단전에 모은다. 그리하여 다시 가늘고 조용한 숨을 내쉬면서 가슴의 곳에 정지하고 있는 손을 향해, 엄지로 부터 새끼손가락까지 점차로 조용히 그 숨을 내뿜는다. 그러면 손가락이 꿈틀꿈틀 움직이고 반응을 나타낸다.
 ④ 손가락에 숨을 내뿜었을 때 엄지가 안쪽으로 꼬부라지면 조상령의 수호가 있음을 나타내고 바깥쪽으로 꼬부라지면 공사를 위해 죽은 사람의 영의 수호가 있음을 말해준다. 집게손가락이 안으로 꼬부라지면 부모령의 수호가, 밖으로 꼬부라지면 친구, 친지의 영

수호가 있음을 의미한다.

또한 중지가 안으로 꼬부라지면 한 사람의 신 수호가 있음을 의미하고 제신의 영이 하나가 되어 수호해 주는 가능성도 있다.

또 약손가락이 안으로 꼬부라지면 때의 신이 수호하고 밖으로 꼬부라지면 사교신이 붙어있음을 의미한다.

새끼 손가락이 안으로 꼬부라지면 곡물신 등의 수호를 의미한다.

이런 방법을 일조일석에 되는 것은 아니므로 몇 번이고 반복해서 행하고 그 트레이닝의 정도를 깊이 해나가기 바란다. 또한 이 트레이닝 방법은 당신 혼자만의 것은 아니고 누군가를 사용하든가 누군가를 상대로 하여 행할 수도 있다. 방식 등은 모두 앞에서 말한 것과 같다.

염파(念波) 증강법

 인간이 갖는 염파, 염파만큼 강한 것은 없다. 잘 알다시피 이스라엘의 유리·게라나 가와사끼에 사는 세끼쿠찌 소년 등처럼 그 염파에 의해 금속제의 스푸운을 구부리든가 절단하는 일도 가능하다.
 따라서 당신이 주술을 사용할 경우에 염파를 강화하는 것은 그 주술이 보다 좋은 효과를 내는 것과 이어진다.
 ① 염파 증가의 트레이닝이라도 절대 불가결의 것은 정신의 집중이고 더욱 앞으로 나가서 정신의 통일이다. 따라서 먼저 당신의 하기 쉬운 방법으로 정신 통일을 해주기 바란다.
 ② 염파를 사용하는 트레이닝을 하자.
 먼저 당신이 보내는 염파를 받아주는 수염자(受念者)를 발견하는 일이다. 초기 단계에선 부모형제, 연인이 수염자로 알맞다.
 ③ 중앙이 미닫이로 가려져 있는 방이 둘 이어진 곳을 사용한다. 한쪽 방에는 송념자인 당신이 있고, 또 하나의 방에는 수념자와 필요한 도구 및 그 도구를 올려놓을 테이블을 준비한다.
 ④ 테이블 위에 놓은 도구는 공기, 글라스, 잡지, 펜 등 10종류 이상의 것을 준비하고 그것을 테이블 위에 아무렇게나 늘어놓는다.
 ⑤ 수념자는 테이블을 향해 정좌하고 송념자에게 등을 향한다.
 ⑥ 송념자는 수념자와의 거리를 2~3미터 두고 수념자의 뒤를 향해 앉는다.

⑦ 송념자와 수념자는 정좌하고 나서 마음을 진정시키고 정신을 집중한다. 수념자는 자기의 후두부를 라디오의 수신기처럼 활동시키려고 한다. 송념자는 강한 염파를 수념자의 후두부를 향해 보낸다.

⑧ 송념자가 보내는 염파는 수념자의 눈앞에 있는 물건의 하나로서 그것을 집도록 명령하는 것이다. 10회의 송념으로 3회 이상 적중시키는 일이 필요하다.

주술

비과학인가 초과학인가?

구미에선 집중연구

[주술과 과학은 자연의 힘을 지배하고자 하는 요구, 실제적 방법의 실행에 있어 공통된다]

세계적으로 과학 문명이 발달되고 더욱이 그 발달은 이상할만큼 뻗어나가고 있다. 그러한 속에 있어 세계 각지에서 주술이, 요술이 혹은 마술이 또한 성행한다.

어떤 사람은 이것을 '오칼트'라고 말한다. 주술, 그것은 사람을 저주하고 혹은 스스로를 저주하는 술법이라고 일컬어진다. 그리하여 그 주술을 가장 무서운 것으로 생각하는 사람도 있다.

확실히 사람을 저주하는 일의 무서움, 그것은 사람들이 모두 생각하는 일이다.

이런 주술을 과학적으로 해명하고자 하는 움직임, 그것은 꽤나 이전부터 있었다. 그리하여 또한 현실로서 지금도 그 연구가 진행되고 있다.

이런 주술의 발생을 역사적으로 추구해 보면 꽤나 옛날부터의 것이다. 그리하여 상당한 옛날에 그 모습을 감추었다고 여겨졌다.

엘리봇·스미드 및 페리가 오리크나시만 시대에 주술의 존재를 발견하고, 또한 에렛이 그 논문에 있어 선사시대 민족의 주술적 태도에 관해 연구했다.

문화의 진전과 함께 주술은 문화의 표면부터 모습을 감춘 것처럼 보인다. 그러나 그것은 주술의 소멸을 의미하는 것은 아니다. 그뿐인가, 현실에 있어선 문화적 사회에 있어서도 이 주술이라고 불리는 것의 현상은 많이 목격되고 있다.

이를테면 미국에서는 현재 주술이 굉장한 붐이 되어 있다고 한다. 또한 영국, 이탈리아 등 유럽에서도 주술을 사용하는 마녀조직 혹은 요술을 쓰는 마녀조직 등이 늘어나는 추세에 있다고 공안당국에서조차 발표하고 있다.

역사적으로도 오래되고 또한 현재에 있어서도 그것이 목격되고 있는 주술에 대해 연구가 진행되기에 이른 것은 극히 최근의 일이었다. 그때까지는 주술 그 자체가 본디 비밀적, 개인적, 비사회적은 아니었던 것인데 나중에 그와같은 경향을 띄고 말았기 때문에 주술연구가 좀처럼 뜻대로 진척되고 있지 않는 것이다.

따라서 주술에 관한 책은 꽤나 수가 많지만 그것은 한낱 단편적인 것, 혹은 종교가의 비난 재료로써 씌어진 것이 많은 것처럼 생각된다.

금세기에 들어와 특히 합리주의 생활을 강조하는 미국인이 현실로 존재하는 주술에 눈길을 돌리고, 혹은 그들 자신이 과학사회, 합리주의 사회에서 탈피하고자 그것에 관심을 갖기 시작했다.

타일러라는 주술의 연구가는 〈원시문화〉라는 그의 저서에서 주술을 신비과학으로 분류했다. 그는 주술의 행위를 점성술, 연금술과 관련되는 바가 있다 했으며 따라서 그것을 과학에 포함시켜도 좋다고 생각했던 것이다. 물론 순수과학과는 서로 용납할 수 없는 특질을 주술이 갖고 있다는 것도 인정했지만.

주술을 뒷받침 하기 위해 과학과 분리시켜 그 원인을 생각해도 확실히 헛이다.

류바라는 사람은 주술과 과학이라는 것에 관해, 그것을 심리학적으로 구별하라고 했다. 그는 인간의 행위를 기계적, 강제적, 인정적의 3종류로 분류하여 주술은 강제적이고 과학은 기계적이라고 술한다.

그는 과학의 기본적 개념이 주술에 있어 전혀 결여되고 있다는 편이 더욱 진실에 가까운 것처럼 생각된다고도 말한다.

주술과 과학이 공통되는 점은 기본적 원리에서의 신념은 아니고 자연이 힘을 지배하고자 하는 요구, 실제적 방법의 실행이라고 그는 명확히 결론지웠다.

그렇지만 주술의 실제는 매우 극한된 또한 무의식적인 것으로서, 그것은 현재의 과학적인 갖가지의 방법과 똑같이 생각하는 것은 불가능하다.

미개인이 병을 위해 적의 모습을 불태운다. 또한 사냥할 때의 성공률을 높이기 위해 섹스를 금할 때 보다도 특수한 목적을 위해 무기를 만들고 바람의 방향, 강도(強度)에 대해 활이 화살을 그것에 적응하게끔 만드는 편이 훨씬 과학적 정신, 과학적 방법에 가까와지고 있는 게 아닐까?

또한 리드하는 사람은 주술과 과학의 관계에 관해 아래와 같이 논한다.

지식과 실제 응용의 가장 중요한 관계는 인과이다. 그러나 이것을 의미하는 말을 갖지 못하고 또한 말로써 인과를 모르는 미개인조차 그것을 상상하고 있기나 한 것처럼 행동한다.

오스트레일리아의 원주민은 원인, 결과라는 관념을 갖고 있지 않다. 그들은 두개의 사항이 서로 전후하여 일어나는 일에 깨닫게 되면, 즉시 하나는 원인이고 또하나는 결과라고 한다. 그 때문에 명확하지는 않지만 그들은 관계라는 관념을 갖고 있다. 즉 비가 오기 전에 물새가 곧잘 운다는 것을 깨닫고 비를 구하는 의례일 때 그들은 그 울음소리를 흉내 낸다.

우리들은 오히려 비가 오기 전에 그 기온의 변화가 물새를 자극하는 거라고 생각한다. 그러나 미개인으로선 그와같이 생각되지 않는

것이었다.

하나의 사항 뒤에 다른 사항이 계속된다고 하는 일은 숱한 미신의 밑바닥에 가로 놓여있는 무지한 경험의 쌓아올림과 마찬가지이다.

리드는 다시 '자연의 모든 진행이 인과의 원리상태에서 분석된다 하는 확정적 요소는 결코 미개인의 마음에 들어가지 않는다.'고 말한다.

그러나 우리들 자신에 있어서도 거의가 인과관계를 분석한다는 일은 하지 않고 있다고 할 수 있으리라. 다만 과학적 논의나 이론학의 연습시에만 그것을 의식하고 있다.

그러나 우리들은 언제나 인과를 명확히 하고 있지 않으면서 그것에 의해 활동하는 셈으로, 그것은 미개인도 마찬가지이고 또한 개도 마찬가지라고 하겠다.

'저주의 미신'이란 책에 어떤 사람이 뱀을 죽였는데, 그 뒤에 죽었다. 사람들은 그것을 뱀의 탈이라고 말했다. 즉 뱀을 죽인 원인과 그 사람이 죽은 결과를 합쳐 생각하는 셈이다.

우리들로서 생각한다면 그가 뱀을 죽였을 때 독사에 물린 탓이라고 생각하기 쉽다. 과학은 주술에서 왔다는 사고방식도 몇번이고 유명인에 의해 지지되었다.

확실히 주술과 과학은 어떤 면에서 공통된 일면을 갖는다. 그것은 빈약한 인간 마음의 산물이기 때문이다.

하지만 인간의 마음 속에 공통된 과거를 갖고 있는데도 불구하고 주술과 과학은 최초부터 대립되고, 그 발전과 더불어 더욱 더 분리되어 그 방법에 있어, 그 관념에 있어 더욱 상반하는 것이 되고 있다.

만일 하나의 것이 앞서 존재했다는 것을 생각한다면, 주술에 앞서 적어도 조잡한 원시적인 과학이 존재하고 있었다고 할 수가 있으리

라. 그러나 양자의 어느 것보다도 앞서 제3의 어떤 것이 있었다고 하는 표현법이 옳을지도 모른다. 그것을 사람들은 상식이라 부른다. 이런 상식부터 과학과 주술의 대부분이 분화(分化)되어 왔기 때문에 부당한 비율로 양자가 상반되는 것으로 나아갔던 것이 아닐까.

주술은 갖가지의 모양으로 변형되고 어떤 때는 표면에 나와 그 모습을 점차로 일그러뜨리고 또는 바뀌어 간다. 그와 같은 신비적인 변화에 대해 과학은 본래의 특질을 조금도 바꾸지 않고 단편적인 것을 정리하고서 확립하고 넓히고 있다. 그러한 의미로선 과학의 존재는 주술보다 훨씬 빨랐다고 할 수 있는게 아닐까.

사람들은 이런 신비적인 주술에 대해 갖가지 견해를 보이고 있다. 그 견해를 나타내는 방법은, 나타내는 사람이 순수과학을 하고 있는 사람일 경우와 문학인 경우는 각각 다른 것이 있는 것처럼 생각된다.

어쨌든 주술과 과학의 관계는 지금껏 확실한 것이 규명되고 있지는 않다. 그와 동시에 이제부터도 주술 그 자체가 갖는 과학성을 긴 세월을 소요하더라도 과연 해명될지 분명하지가 않다.

허나 우리들은 이러한 주술을 볼 때 또한 그 주술을 사용할 때에 주술 그 자체가 갖는 신비성에만 치우쳐선 안된다고 생각한다. 주술이 갖고 있는 과학적인 의미, 곧 나의 의견으로선 주술이라는 것은 인간이 갖는 염력이고 이것이 상대에게 작용을 미치는 것으로서 염력이 얼마나 강한 것이고 인간 관계에 대해 작용을 갖고 있는가 하는 것을 패러사이콜로지(Parapsycology : 초심리학)에 의해 이미 증명되어 있다고 생각한다.

인간이 내는 염의 세기, 이 점에 관해선 초능력의 분야에서 충분히 연구되고 있으며 패러사이콜로지라는 이른바 미래 과학 분야에

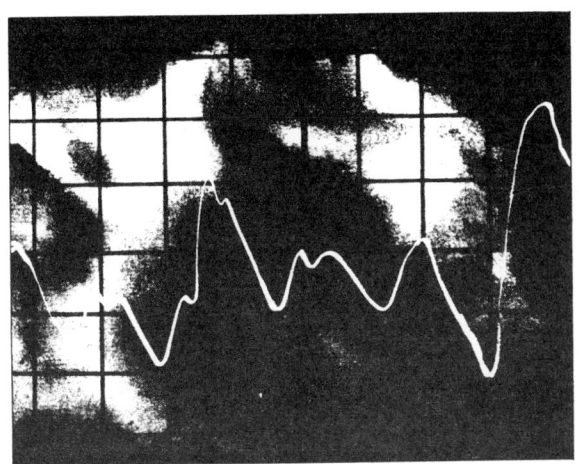

서 연구되며 해명되고 있다.

　이 연구가 진전됨에 따라 주술도 또한 요술도 포함해서 모두 해명되리라고 생각한다. 물론 요술·마술·주술 중에는 눈속임의 것이나 매력적인 것이 매우 많다. 여기서 말하는 매력이란 장치가 있는 '기술'이라는 의미이다.

　어원(語源)에서 보면 주술 그 자체도 매력인 것만은 틀림없다. 그렇지만 우리들이 말하는 바의 주술은 그것보다 한걸음 앞선 속임수도 장치도 없는 과정 속에서 인간에 대해 좋은 작용을, 혹은 나쁜 작용을 줄 수가 있는 것이라고 하겠다.

　우리들이 주술을 생각하고 그것을 사용하고자 할 경우에 결코 잊어선 안 될 것은, 우리들 인간이 갖는 사이코카이네시스(염력)이라는 것의 힘이 꽤나 큰 비중으로 작용된다는 점으로서, 그 주술의 형태가 어떠한 것이든 인간이 갖는 강한 의지, 강한 신념, 일념은 바위도 뚫는다는 이런 신념이 상대에 대해 작용을 하고 활동하고 있다는 것을 잊어선 안된다고 생각한다.

현대인의 마음의 미혹

[자기의 장래 혹은 대인관계 또는 회사의 경영 등 우리들의
고뇌는 한이 없다]

합리적으로 그리고 과학적으로 살고자 하면서 또한 그러한 생활을 시작하고 있는 현재에도 아직 많은 전설이나 미신이 남아 있다. 그런 미신이 무엇부터 오고 있는지 이 점에도 매스를 가하지 않으면 안된다.

흔히 나에게 오는 편지나 상담자 중엔 회사의 경영자가 때때로 섞여 있다. 그 내용은 자기 회사의 경영에 관해 혹은 대인관계에 대해, 장래에 관해 점쳐 달라는 일이 많다.

그것 이상으로 때로는 라이벌을 쓰러뜨리기 위해 저주가 필요하다. 예방이 필요하다는 요청까지 한다.

내가 알고 있는 범위로서도 톱 클라스의 경영자가 장기 계획을 세울 경우에 점장이 혹은 영능력자 등에게 상담을 하고 그런 사람으로부터 어드바이스를 받는다.

심한 경우에는 시킨대로 고스란히 실행한다. 이것은 잘못이라고 나는 생각한다. 무언가의 의지가 필요하여 그러한 사람에게 상담하는 것은 좋으리라. 그렇지만 그것은 어디까지나 그 사람이 무언가를 해결하는데 있어 참고이고 어드바이스이어야 한다.

현대의 젊은이조차 결혼은 역시 길일을 찾는다. 또 생활 속의 길흉, 방위, 혹은 점괘 등에 많은 사람이 관심을 나타내고 생활속에 채택하고 있다.

특히 달력이 그러하다. 하기야 이런 것은 인간에게 그다지 해가

없다. 아마도 거기에 나와 있는 방위, 길흉 등에 의해 그 사람이 생활을 한다는 일도 혹은 그날의 일 방침을 정하는 일도 없지 않아 있으리라고 생각된다.

그러나 이런 것에 전적으로 의존하지 않고는 생활을 할 수 없다면 곤란하다.

성명 판단도 흔히 있는 일이다. 부모가 지어준 이름이 좋지 않아 출세하지 못한다든가 혹은 이름이 나쁘기 때문에 병이 난다. 이름이 나빠 결혼운이 없다 등 이름을 바꾸는 사람이 있다.

이름이 그렇게도 큰 작용을 갖고 있는 것인지? 극단적으로 말을 한다면 인간에게 붙어 있는 이름은 하나의 부호에 지나지 않다.

또 일상의 작은 현상에 대해서도 미신은 많다. 밤에 손톱을 깎아선 안 된다든가 길에 장례식을 만나면 자기의 엄지를 안쪽으로 숨겨야 한다든가 북쪽을 향해 거꾸로 누워선 안된다든가….

또 묘지나 사당 터에 지은 집에 살면 안된다든가 하는 미신도 있다. 나는 이러한 미신이 모두 근거가 없고 믿을만한 것이 못된다고 하고 싶다.

세계적인 심령연구가 지자경/차길진 법사와 안동민선생이
밝히는 영혼과 4차원세계의 전모!

이 책을 펼치는 순간부터 당신의 운명이 바뀐다!!

사랑하는 가족이나 친지에게 드리는 최고의 선물

세계적인 심령연구가 지자경 · 차길진 · 안동민 편저

나의 전생은 누구이며 사후에는 무엇으로 환생할 것인가?

➡ 버지니아공대 조승희 총기사건은 가정교육과 학교에서의
인성교육 부재가 불러온 총체적 비극이다!

➡ 바로 이 책은 자녀들의 정신건강을 위해 부모가 꼭 읽어야 할 필독서다!

<업> 전9권

1권 전생인연의 비밀   2권 사후세계의 비밀
3권 심령치료의 기적   4권 내가 본 저승세계
5권 영계에서 온 편지   6권 영혼의 목소리
7권 전생이야기   8권 빙의령이야기
9권 살아있는 조상령들

서음미디어 02-2253-5292

베일속에 가려진 사형장의 전모가 전격공개!
원색화보 특별수록

마지막 가는 길목에서 그들은 하늘을 보고 땅을 본다.
세상을 경이와 공포의 도가니 속으로 몰아 넣었던
신문 제3면의 히로인들 – 말만 들어도 무시무시한 흉악범들,
그들에게도 눈물이 있었고 가슴저미는 통회가 있었다.
주어진 생을 채 마치지도 못하고 떠나야 했던
8인의 사형수 – 그들의 **최후**가 공개!

서음미디어 02-2253-5292

저자 약력

서울에서 출생하여 서울대 문리대 국문과를 졸업. 1951년 경향신문 신춘문예에 「聖火」가 당선되어 문단에 데뷔. 그후 일본에 진출하여 「심령치료」「심령진단」「심령문답」등을 저술하여 일본의 심령과학 전문 출판사인 대륙서방에서 간행하여 큰 호응을 얻었으며, 다년간 심령학을 연구함. 그후 「업」「업장소멸」,「영혼과 전생이야기」「인과응보」「초능력과 영능력개발법」「최후의 해탈자」「사후의 세계」「심령의 세계」등 심령과학시리즈 20여종 저술(서음미디어 간행)

판권
소유

증보판 발행 : 2011년 5월 10일
발행처 : 서음출판사(미디어)
등　록 : No 7－0851호
서울시 동대문구 신설동 94－60
Tel (02) 2253－5292
Fax (02) 2253－5295

저　자 ǀ 안 동 민
발행인 ǀ 이 관 희
본문편집 ǀ 은종기획
표지 일러스트
Juya printing & Design
홈페이지 www.seoeumbook.com

*이 책은 저작권법에 의해 보호를 받는 저작물이므로
무단 전제나 복제를 금합니다.
ⓒ seoeum